古人原來這樣過日子

地表最強的66堂中國歷史穿越課

王磊（講歷史的王老師）著

古人聽得懂我們說話嗎？
古人到底刷不刷牙？
古人有夜生活嗎？
古人一年要交多少稅？
古代吃頓館子要多少錢？
古代有沒有快遞？
古代皇帝也是貓奴！

目錄

序篇

生活篇：古人沒衛生紙，怎麼上廁所

飲食篇：古人喝酒，為什麼那麼能喝

文化篇：古人說話，也用文言文嗎

情感篇：古人談戀愛，不在七夕節

社會篇：古人工作，什麼行業最賺錢

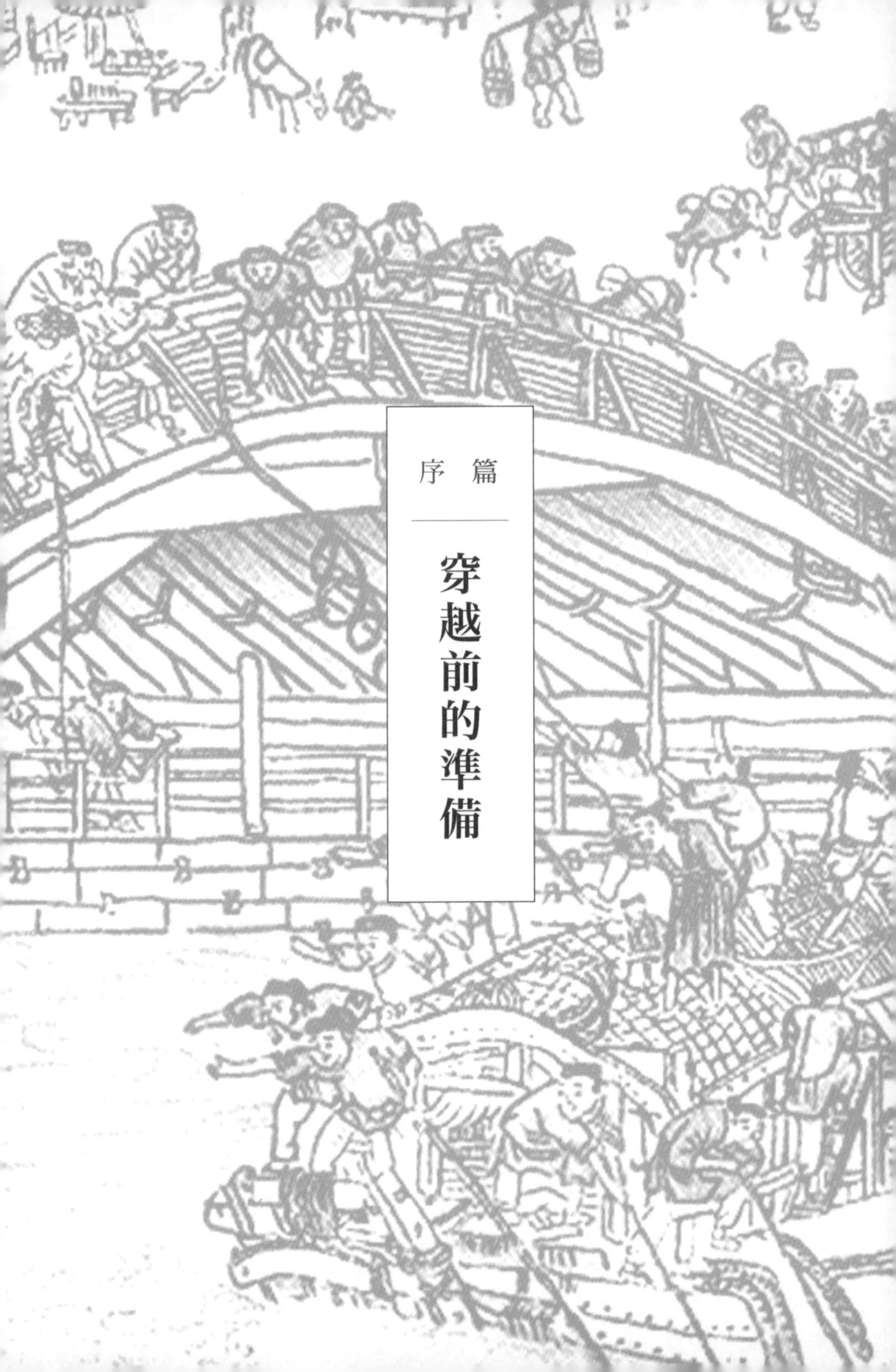

序篇

穿越前的準備

01 古代穿越指南

本書主要講述古人的日常生活。鑒於許多朋友離開學校的歷史課多年，可能連中國歷史朝代順序都記不清了，所以我們先「溫故」一下，而後再「知新」。

中華文明是人類歷史中唯一沒有中斷過的古文明，一朝一代延續下來，猶如地層之堆積。每個朝代都有詳細的歷史記載，光是官修正史，就有「二十四史」或「二十五史」之多。這麼多的朝代，該如何來記呢？我們可以根據朝代特點，將眾多朝代整合分成六個大時期，分別是：先秦、秦漢、三國兩晉南北朝、隋唐、五代遼宋夏金、元明清。

第一個時期是先秦。所謂先秦，就是秦統一之前，包含夏、商、周三朝。夏朝作為一個歷史朝代是否真的存在，史學界還存在爭議。姑且按照其存在來計算，中華文明史是四千年左右。而我們常說的中華上下五千年，是把夏朝之前的傳說時代和史前的原始社會史都算了進來。但一般來說，判斷文明誕生的重要標準是文字的出現，所以甲骨文出現後的中國歷史才是毫無爭議的文明史。甲骨文是商朝誕生的，算下來已有三千多年。先秦時期是中華文明的奠基時期，相當於中華文明的襁褓與少兒階段。

第二個時期是秦漢。秦朝短短二世而亡，之後是漢朝。漢朝中間有個王莽篡權的插曲，這又把漢朝分為西漢和東漢，也叫前漢和後漢。秦漢是中國歷史上第一個大一統時期，制定了許多延續千年的制度。這一時期相當於中華文明的少年時代，朝氣蓬勃，荷爾蒙旺盛。

第三個時期是三國兩晉南北朝。當時國家正處於大分裂狀態，北方少數民族入主中原推動了民族大融合，中原文明則「衣冠南渡」，江南因此得到了開發。這一時期相當於中華文明少年長大後的青春期階段，既有少年時代的煩惱，又有青春期的躁動。

第四個時期是隋唐。這一時期國家再次實現了統一，文明也蓬勃發展。唐朝文化自信、開放、包容。既海納百川，又普照萬邦；既影響後世，又輻射周邊。這一時期相當於中華文明意氣風發的青年階段，充滿著詩情，眺望著遠方。

第五個時期是五代遼宋夏金時期。在這一時期，中原地區相對統一，周邊少數民族政權並立。主體朝代是代表中華文明登峰造極狀態的宋朝，其經濟之富庶、文化之繁榮、政治之文明，已達近代化前夜。宋朝的歷史地位，相當於中華文明事業有成、心態成熟的中年階段。只是面對少數民族政權的崛起，宋朝應付得有些力不從心，產生了「中年危機」。

第六個時期是元明清三朝。國家高度統一，專制皇權達到巔峰。但由於政治上的高壓政策，社會壓抑，科技也逐漸落後於西方。這個時期相當於中華文明的暮年階段。人到暮年，渾渾噩噩，身體慢慢衰老。終於，在西方近代文明的堅船利炮之下，中國古代史走向了死亡。

以上這六個時期，彼此之間其實有規律可言，即分裂與統一之交替排列。先秦是分裂的，秦漢是統一的，三國兩晉南北朝是分裂的，隋唐又是統一的，五代遼宋夏金是分裂的，元明清又是統一的。正應了《三國演義》開篇之言：天下大勢，分久必合，合久必分。

當人們遙望浩瀚星河，回首千年中華，可能會產生穿越回去的衝動。那麼，穿越回哪個朝代會更幸福呢？

無論在哪個朝代，王侯將相永遠都是幸福的，因為他們是特權階層，一般民眾則有時歡喜有時愁。我們都是普通百姓，不必替特權階層瞎操心，只需要考慮我們自己的幸福感。影響幸福感的因素是多方面的，主要有以下四點：社會穩定程度、經濟發展水準、政治文明水準與文化繁榮程度。

最不幸的朝代，連人的基本生存都無法保障。秦、三國兩晉南北朝與五代中的大部分就屬這樣的朝代。戰爭連年，老百姓沒有安穩的日子過。今天被徵兵，明天就可能戰死沙場，活命都是難題。我們讀三國，感覺那個時代英雄輩出，卻較少想到在其背後是政治上的大混亂。並非時勢造英雄，而是亂世造英雄。仔細想想，如果是和平安定的時代，老百姓安居樂業，國家機器正常運轉，哪裡需要英雄挺身而出呢？越是亂世，越是出英雄——也並非都是英雄，大部分乃是梟雄。混亂的時代，社會經濟發展也會受到影響，老百姓可支配的錢財物資因戰爭被國家竭澤而漁。《漢書》記載秦朝「內興功作，外攘夷狄，收泰半之賦」，所謂「泰半之賦」就是指國家要徵收走總收入的三分之二。即使你沒死於戰場，也不過是國家收稅時待割的「韭菜」而已。這些時代更談不上政治文明，靠的都是爾虞我詐、弱肉強食，白骨之下出順從。然而，三國兩晉南北朝時期並非一無是處，至少在文化上是自由的。這種自由主要源於朝廷對國家管控能力的下降。

比上述幾個混亂時代稍好一點的是元明清，君主專制社會的巔峰時代。文化上很壓抑，但社會穩定，經濟也能發展，老百姓雖不自由，至少活下去沒多大問題。有的朋友會認為元朝有四等人制度，清朝又是滿族人統治，明朝會比這兩個少數民族政權好不少。其實真沒有好多少，少數民族政權儘管有民族不平等政策，但這種不平等在基層社會的體現並沒有那麼明顯。換句話說，作為普通人的老百姓，永遠生活在社會的底層，在任何一個封建王朝都是被權貴階層奴役的命。元明清三朝的區別，僅在於權貴的民族屬性不同。同樣都是奴僕，換個主子難道就幸福了嗎？

漢朝與隋唐是比較幸福的時代，中華文明開放而自信，八方來賀，萬國來朝，奠定了中華文化圈的基礎。這幾個朝代的經濟也相當富庶，特別是隋唐的盛世時期。杜甫回憶中的開元盛世是「稻米流脂粟米白，公私倉廩俱豐實」的時代。注意，杜甫說的是政府和老百姓都很富，並不像康乾盛世，政府很富有，老百姓卻吃不飽飯。然而，如果你要穿越回漢朝的武帝時代則需要慎重，那可是「一將功成萬骨枯」的時代。不要期待自己上了戰場就會成為拓土開疆的萬戶侯，「白骨亂蓬蒿」的下場可能性更大。

最幸福的時代要屬宋朝，少有的重商主義王朝，民殷國富。宋朝統治者還頗具人情味，趙宋朝廷立下祖訓不殺文人士大夫，很講政治文明。另外，宋朝城市發達，有夜市。要知道在唐朝之前，晚上是不能隨便出門上街的。宋朝還有娛樂場所「瓦子」，生活舒適得很。史學家陳寅恪就講過華夏文明「造極於趙宋之世」。如果真的能穿越回去，王老師一定穿越回宋朝。

生活篇

古人沒衛生紙，怎麼上廁所

02 古代的廁所長什麼樣子

有人統計過，一個成年人平均每天上廁所六至八次，算下來一年就有二千五百次。按照平均每次兩分鐘計算，人的一生中，大約有整整一年的時間是在廁所中度過的。與我們一路相伴的廁所，在古代又是什麼樣子呢？

在上古時代，廁所很簡陋，就是露天挖一個大坑，人在坑邊上如廁。後來，人們在糞坑上面搭建了小屋，估計是怕露天風大把人吹進糞坑。那時候上廁所的確是一件危險的事，如果不小心掉進坑裡，不摔死也會被淹死。你別笑，歷史上還真有這樣的事：春秋時的晉景公，就是如廁時掉進糞坑淹死的。《左傳．成公十年》就記載過晉景公「如廁，陷而卒」，但也有人分析他是上廁所時突發疾病才掉進糞坑死的。晉景公因此成為歷史上第一個在廁所殉職的君主，應該也是唯一的。

到了漢朝，廁所一般設在宅院的後方，搭建在高處，下面連通豬圈，人排泄出來的糞便可以直接掉進豬圈給豬吃，這種廁所叫做叫做「圂」（ㄏㄨㄣˋ）或「圂廁」。圂廁的好處有三個。首先，把廁所和豬圈兩個汙穢處結合在一起，減少了汙染源，並將人畜糞合一，方便清理利用。怎麼利用？用來做肥料。在沒有化肥的古代，人畜糞便是最好的農業肥料。其次，將人糞作為豬的輔助食料，有利於資源再利用。另外，將廁所設在豬圈上方，結構立體，占地面積小，從而達到了節約空間的目的。這種圂廁至今還流行於陝南、四川等部分地區。但圂廁也有一個弊端，就是豬食用人類糞便可能會引發寄生蟲病。

古代還流行一種可攜攜式的如廁器具，因其形狀似老虎，所以叫做叫做「虎子」，也就是我們俗稱的夜壺。至於為何以虎為器形，說法比較多。有的認為這是古人表示對老虎的厭惡。還有一種說法認為這和漢朝名將李廣有關——據《西京雜記》記載，李廣打獵射死一隻老虎，便「鑄銅像其形為溲器，示厭辱也」。但現存最早的虎子是戰國時期墓葬出土的，這說明虎子的出現遠在李廣之前。

▲ 西漢紅陶廁所（內蒙古博物館收藏）

虎子給古人如廁帶來了極大方便，這說明古人也很懶，晚上也不願意到屋外上廁所。不光男人可以用虎子，古代也有女用虎子，這種虎子口部偏大，口部上方還有一個盤子形狀的外延，防止尿到外面。

到了唐朝，由於開國皇帝李淵的爺爺叫李虎，而古人講究避尊者諱，怎麼能把開國皇帝爺爺的名字用在如廁的器具上呢？於是，「虎子」就改名為「馬子」。古人對馬子的要求也隨之變高，不光要能用來裝尿，還要能裝糞便，所以馬子的形制也加大了，變成了桶形，「馬桶」因而誕生。

馬桶一經發明，廣受城市居民喜愛，以其占地小、味道輕、方便清理等優點成為城市居民居家必備之物。古人也講究環保，馬桶裝滿了，是不可以隨處傾倒的，必須由專門的人來收。這種城市裡專門收集運輸糞便的職業，在唐宋時叫做「傾腳工」。他們挨家挨戶收集糞便，並將其運送到城市周邊的農村販賣，獲利頗豐。唐朝有個叫羅會的人以收糞為

▲ 東漢越窯褐釉虎子（浙江省博物館收藏）

業，竟然成為富豪。《朝野僉載》載：「（羅）會世副其業，家財巨萬。」由此看來，掏糞工在唐朝還是個高薪職業。

到了南宋，糞便收集已經形成了相當規模的市場，競爭十分激烈，還有人還為了爭奪收糞市場而進行訴訟。

明清時期，北京城內從事糞便清運職業的人被稱為「糞夫」。他們將收集到的糞便運到郊外的「糞廠」，糞廠會將糞便晾曬成肥料賣給農民來獲利。生活在不同區域的居民，產生的糞便是不一樣的，其價值也不同。比如富人區吃得好，糞便品質高，肥力足，能賣上好價錢。因此，糞夫們經常為了爭奪「高端市場」而發生爭鬥。到了清朝初年，糞夫們商議劃定了專屬工作區域，並簽字畫押，不得越界收糞。這種固定的收糞區域和收糞路線，被稱為「糞道」，是一種特殊的「特許經營權」，還可以轉讓買賣。其他城市的情況也是如此，例如上海的糞夫綽號「倒老爺」。

直到近代普及抽水馬桶後，糞夫的職業才慢慢消失。廁所的進步，是衡量人類文明發展的重要尺度。一部廁所的發展史，就是人類文明的進步史。

03

古人上廁所用什麼擦屁屁

上一篇講了古代的廁所什麼樣，這一篇繼續聊重口味的話題，講講古人上完廁所用什麼擦屁屁。

先放眼海外，看看其他古文明的人們用什麼擦屁股。據說羅馬帝國時就已經有了公廁，公廁內的擦屁屁材料是海綿。古羅馬人將海綿綁在棍子的一端，沾濕後用來擦屁股。擦完後，將棍子插入一個專門的水槽中浸泡海綿，水槽裡盛有高濃度的鹽水。鹽水洗屁屁，有消毒殺菌的功效，倒也挺科學。只是大家共用一塊海綿，不知會不會有交叉傳染疾病的危險。

我們再將視角轉回國內。今天人們上完廁所都用衛生紙擦屁股，可造紙術是漢代才改進並推廣的。即使是漢朝以

▲ 古代羅馬人的廁所（想像圖）

後，中原文明也比較愛惜紙，認為那是文化用品，有了紙後很長時間裡也沒捨得用來擦屁股。直到元朝，蒙古族人入主中原，人們才開始普遍用紙擦屁股。可那時候的紙張想必沒有今天的衛生紙這般柔軟，所以使用前得反覆揉搓軟化。說到這兒，王老師想起了大陸電視劇《我愛我家》中的「金剛砂」牌手紙，老傅同志每次使用前，都得至少做十分鐘的軟化處理。元朝時也如此，據《元史．列傳第三．后妃二》記載，「裕宗徽仁裕聖皇后」當太子妃的時候對婆婆「昭睿順聖皇后」非常孝順，婆婆上廁所擦屁股之前，她都會用自己的臉試試衛生紙的柔軟度，柔軟度夠了才給婆婆用。明清兩朝也繼續使用紙張來擦屁股。小說《紅樓夢》裡，劉姥姥在大觀園上廁所之前就找丫鬟要了紙。

那元朝之前古人用什麼擦屁屁呢？答案是「廁籌」，又叫「攪屎棍」。這是一種二十多公分長的條形木片或竹片，古人如廁後就用這個東西解決，具體使用方法，可能和「用木勺吃冰淇淋」的操作差不多。中國人用廁籌的最早記載見於三國時代。有學者考證，廁籌應該是東漢時隨著佛教戒律從印度傳入中國的，後來又傳到了日本。古代日本也用廁籌，近年來還有出土文物。

廁籌出現之前，古人用啥呢？現在已經無從考證了，畢竟古人對這種事情也羞於記載。但是我們可以合理猜測，共產中國成立後，一些貧窮的農村，人們上廁所還有的用樹葉、秸稈、卵石，甚至土塊。對比一下，漢朝以前的人上廁所可能就用這些，估計那時候人們得痔瘡的機率一定很高。

我們今天上廁所使用的衛生紙，出現至今也就一百年的時間，其發明的過程還很戲劇化。據說在二十世紀初，美國史古脫紙業公司購進一大批紙，可由於運送過程的疏忽，紙面因潮濕而產生皺褶無法使用。老闆史古脫腦洞大開，在卷紙上打上一排一排的小洞，便於撕成小張紙片，然後賣給火車站、飯店、學校等地方，作為如廁用紙。史古脫將這種紙命名為「桑尼」衛生紙巾，因其柔軟且好撕，在市場上大受歡迎，很快就風靡美國，爾後又走向世界。

這種衛生紙不久也傳到了中國，成為當時的奢侈品，一般人是用不起的。這裡還有個由衛生紙引發的小故事。一九四八年九月，國民黨山東省主席王耀武，在與共軍作戰失利後，裝扮成小商人逃遁到壽光縣一個村莊，在橋下解手時，他習慣性地使用了美國進口的高級衛生紙。當時在中國很多地區，人們上完廁所後還是就地取材，用樹葉、秸稈、土塊啥的，所以這雪白的衛生紙引起了當地群眾的警覺，隨即向共軍報告了這一情況。共軍「順紙摸瓜」，最終擒獲王耀武。堂堂國民黨高級將領最終栽在了擦屁股用的小小衛生紙上，令人不得不感嘆這無常的人生。

04 古代女子那幾天怎麼辦

這一篇我們聊聊古人來「大姨媽」的時候用啥。這裡的「大姨媽」指的是女性的月經，原諒我身為一名男老師，對「月經」一詞不敢隨意使用，姑且用「大姨媽」一詞代替。

古人將「大姨媽」稱為「月事」，一個月來一次的事，無比自然而和諧的名字。由於生理知識的匱乏，古人對帶來了「血光之災」的「大姨媽」一直存有偏見。在原始社會，女子來「大姨媽」的時候，會被隔離在部落之外居住，怕給部落帶來晦氣。明朝時，李時珍還在《本草綱目》裡警告男性同胞們，「大姨媽」會損傷陽氣，告誡君子遠離。

古人來「大姨媽」了，也會使用類似今天衛生棉的女性用品，這就是「月事布」。月事布也叫月事帶。由於中國古代商品經濟不發達，加上封建禮教觀念的影響，月事布這種「黑科技」的東西都是獨門祕傳，沒有公開製造和售賣，其製作方法都是母女相傳。

儘管每一家的月事布有每一家的特色，但基本構造大同小異：用乾淨的布做成十公分寬的長條形狀，有的中部兩側加寬，類似今天衛生棉的防側漏護翼。月事布兩頭各有一條細長的繩子，用於將月事布繫在身上。月事布的正中間通常會有一個小口袋，裡面填充草木灰。草木灰是植物燃燒後的灰燼，有吸水、祛濕、殺菌的作用。月事布用完一次，就將裡面的草木灰換掉，並用清水洗淨然後晾乾，以備下次再用。講究一點的人家，洗月事布的時候還會在水裡加些明礬，同樣有殺菌消毒的作用。也有的貴族家庭用棉花或紙張代替草木灰，但吸水（確切地說是吸血）效果不佳，還是草木灰更物美價廉。

古代女性在使用、清潔、存放月事布時極端隱祕小心，甚至結婚十幾年的夫君有的都不知道月事布為何物。對於經期，女性也常用隱晦的暗號來暗示丈夫，例如「面點朱砂」、「戴戒指」等方法。唐代詩人王建還寫過一首「大姨媽」題材的詩，描繪的對象是宮女：「御池水色春來好，處處分流白玉渠。密奏君王知入月，喚人相伴洗裙裾。」

到了近代，衛生棉開始從西方傳入中國。一九二〇年，美國的金百利克拉克公司用纖維棉和細薄紗大量生產出最早的衛生棉。衛生棉廣告最晚在民國十七年（一九二八年）就已經在中國出現，據此可以推算衛生棉傳入中國也應該在這前後。胡適創辦的《知識》雜誌當時還刊登過一篇名為〈女子例假布之研討〉的文章，大力提倡女子購買使用西藥房出售的「上等經布」。這種衛生棉包裝成盒，一盒十二只，用後可洗可棄，被胡適讚譽「實為經布中最好者」。衛生紙、衛生棉都是在民國時期傳入中國的，由此也可以窺見中國近代西化之程度。

共產中國成立後，由於物資的匱乏，衛生棉並沒有在中國繼續普及。在改革開放後的一段時間裡，中國廣大女性還是將衛生紙折疊成長條狀代替衛生棉使用。衛生棉在中國普及，也就是近二三十年的事。

「大姨媽」的話題咱們就講到這兒。萬一穿越回了古代，又趕上「大姨媽」來探訪，那你就可以自力更生，記得到時候謝謝王老師教會了你這麼多本領！！

05 古代的床長什麼樣子

站著不如坐著，坐著不如躺著。古人的日常生活也追求休閒舒適，坐臥用具必不可少，這一篇就聊聊古人的坐臥用具。

古代最早出現的坐臥用具是床。早在處於母系氏族社會階段的半坡文化時期，就已經有了床的雛形——土臺，類似今天的炕。到了商周時期，床的形制被逐漸確立下來。

床是古人晚上睡覺時用的寢具，而古人白天也需要坐、臥、躺，於是又發明了白天用的床——榻。今天我們常說的床榻，在古代是兩種用具。「臥榻之側，豈容他人酣睡」，很多人將這句話中的臥榻理解為床，其實這是不對的。床是床，榻是榻，二者是有區別的。

床的起源是土臺，榻的起源則是席子。古代最初沒有椅子和凳子，起居坐臥都在鋪於地面的席子上，這種生活方式被稱為「席居制」。北方多用草席，南方多用竹席。到了春秋戰國之際，貴族們覺得坐在席子上不夠顯示自己尊貴的身分，也可能害怕得痔瘡，所以就發明了一種略高於地面的木製坐具。這種坐具比床矮小，移動方便，隨坐隨移，一般放在起居室或廳堂。這種坐具就是榻，但「榻」這一名稱的出現是在西漢。後來又出現了加大的榻，人能夠躺在上面，就是前面說過的臥榻。

綜上所述，床和榻的區別主要有三：從形制上看，床要大一些，榻要小一些；從用途上看，床是晚上用來睡覺的，榻是白天用來坐、臥、躺的；從擺放位置看，床一般放在臥室，而榻一般放在起居室或客廳。

儘管榻在中國出現得很早，但除了少數貴族用榻外，大部分人還是繼續著「席居制」。只是鋪的席子逐漸加厚，形成了所謂的「筵席」。筵席一般是用稻草秸稈做材料：較為粗糙的材料鋪墊在下層，稱為筵；較為細軟的材料鋪在上層，稱為席。東漢鄭玄在《周禮注疏》中就講：「鋪陳曰筵，藉之曰席。」古人常在筵席上面舉行酒宴，所以「筵席」一詞後來就成了酒宴的代名詞。筵席後來傳到了日本，日本人也在室內鋪設筵席，慢慢就演化成了後來的「榻榻米」。

席居制的時代，人們都是席地而坐，坐姿是跪坐。唐朝中後期，床榻越來越高，人們便開始在床榻上垂足而坐。唐朝是一個敞開胸懷吸收外來文化的時代，特別是對北方胡人的文化非常熱衷。胡人的生活習慣也極大地影響著中原，最具代表性的事件就是胡床的流行。胡床雖然稱作床，但體積很小，只能容坐一個人，更像今天的椅子。胡床是中國椅子的起源，「椅子」一詞也是在唐朝才開始出現的。李白在《靜夜思》中寫道「床前明月光」，這裡的「床」很有可能是這種胡床。因為胡床能放在院子裡，所以李白才能在床上舉頭望明月。如果是傳統的寢床，是陳放在臥室的，而在臥室是望不到天邊的明月的，因為古代的窗戶沒有玻璃。

五代到宋代，由胡床演化出來的椅子在中國空前普及，並出現了風靡後世的太師椅。據說太師椅的發明與秦檜有淵源，因為秦檜又被稱作秦太師，故而叫做太師椅。也正是在這一時期，古人徹底告別了席居制。當時的貴族圈還流行一種三面圍起來的圍床，《韓熙載夜宴圖》裡面的床就是這種。

明清流行架子床和拔步床，床變成了封閉式的，像一間小屋子。椅子則成為大眾用品，非常普遍。這一時期還有一種介於床和榻之間的「羅漢床」，其造型特點是在榻上安有矮圍子，形體較大，可坐可臥可躺，功能很像今天的沙發，今天的明清題材影視劇中經常有羅漢床的出鏡。

在古代，坐臥用具的使用還能體現禮制功能。漢朝時，用榻的一般都是有地位的人，獨坐一榻更為尊貴。因此，能被邀請同榻而坐是對客人非常尊貴的禮遇。《後漢書》記載，東漢時有位太守陳蕃非常愛才，當時有個叫徐稚的人，人稱「南州高士」，很有學問，陳蕃與其來往密切。陳蕃在家中專門為徐稚設了一張榻，平時掛在牆上，徐稚來了就把榻放下，徐稚一走，就又把榻掛起來。這就是今天「下榻」一詞的來源。在而今的東北地區，如果家中來客人了，主人一般都會熱情地招呼客人「上炕坐」，這種禮節也頗具古風。因此在古代，主人對客人的最高禮遇就是邀請你同榻而坐，「請你上床」。

06 古人的住宅面積有多大

根據有關部門的統計，二〇一六年大陸人均住宅面積已經達到了約十二坪。在王老師的老家東北，人少房多，很多家庭都能達到這個數字，但若是北京或上海，能達到這個數字的都是富裕家庭。那古人的住宅面積有多大呢？今天咱們就以唐朝為例，看看古人是否需要「蝸居」。

唐朝實行「均田制」，就是國家免費給民眾分配土地，宅基地也是如此。按照唐朝法律規定，良民三口之家分給一畝地來建房，每增加三口人再增加一畝。唐朝的一畝合今天的約一五八坪。也就是說，即使是最一般的唐朝民眾，法定住宅面積也能達到一百多坪。但要注意，這只是紙面上的規定，實際情況可能會小於這個數字。另外，這一百多坪的面積是加上了院子面積的，房屋的建築面積沒有那麼大，而且這一畝宅基地也主要針對農村居民，城裡人多地少空間緊張，住宅肯定沒有農村那麼大。

那城裡人的住宅有多大呢？根據敦煌文書（敦煌出土的唐朝法律文書及判案集）的記

載，當時敦煌有個叫馬法律的平民，他家住宅有五間房，分別是中堂（也就是客廳）、東間房、小東房、西間房和廚房，建築物的套內面積在二十五坪左右。如果加上院子，總共在五十二坪左右。

通過對馬法律家的住宅和其他一些唐朝住宅面積的研究，我們基本可以知道唐朝人住宅結構的特點。首先，客廳一定要大，大部分在六坪以上，這與文獻記載中「唐朝人重視中堂」的觀點也一致。其次，廚房也較大，大部分在約四點五坪到七坪之間，畢竟那時候要生火做飯，灶臺之類的占地面積都很大。再次，唐朝的住宅都不見對廁所的記載，也許他們上廁所都在外面，或者用馬桶。最後，普通城市居民的住宅總面積應該在六十坪左右。

達官貴人的房子就要大得多了。比如白居易住在東都洛陽時是太子賓客，其住宅有房屋，有水池，還有一片竹林，水上還建有小橋，占地面積十七畝，約合今天二千六百坪，類似一個小公園了。幫助平定安史之亂的大將郭子儀，後來官至兵部尚書，史書記載他在長安的住宅占地四分之一個親仁坊。坊是唐朝時的居民區，其規模類似於大陸一個街道辦事處的下轄範圍。親仁坊算是唐朝長安中等規模的一個坊，長度在一公里多一點，寬度五百多公尺。四分之一個親仁坊的面積約合今天四萬五千坪，差不多相當於兩個北京清華校園的面積。有的朋友可能會震驚，這麼大的宅院怎麼住啊？不必擔心，郭子儀全家上下有三千多口人呢！郭家人見面時，如果互相不熟，可能都不知道對方住在哪兒。腦補一下郭家人平時來往的場景：家人之間都是通過微信搖一搖認識的，見了面一聊天才發現，都是一個太爺爺生的。「原來你是東院的啊？早點回你的院子，天就要黑了，路上小心！」這就是有錢人的世界，普通人永遠都不會懂！

07 古人見面為什麼要跪拜

在歷史劇裡，大臣見到皇帝都要下跪，百姓見到官員也要下跪。古人是自古以來就有下跪的傳統嗎？

跪拜最初並非一種禮節，也沒有明顯的等級區別或人格卑微色彩，而只是一種普通的「坐姿」。先秦時，無論宮殿庭堂，還是官府民宅，都沒有桌椅板凳，大家都是不分貧富貴賤在地面鋪設的席子上席地而坐，貴族頂多在下面加個榻。那時的坐姿是雙膝著地，臀部抵於腳跟而坐。這種坐姿跟跪著很像，今天的日本人和韓國人依然保持這種跪坐姿勢，並沒有卑微色彩。

跪坐時代，如若需要向某人表示敬意的話，只要身體前傾並將腰桿伸直，臀部離開腳跟，即變為跪姿。如果雙手觸地，則轉化為拜姿。先秦時君主與臣下面談時，雙方都是這種跪坐，而且表示敬意時彼此都互拜。《戰國策．秦策三》中記載：「秦王跪曰：『先生是何言也！』范雎再拜，秦王亦再拜。」跪拜是雙方互相表達禮敬與尊重的一種禮儀，沒有尊卑之分。這種坐姿漢朝依然保持，例如漢朝皇帝和大臣在朝堂議事的時候，皇帝和大臣都是跪坐。

五代到宋朝，高型坐具椅子空前普及，中國人不再席地而坐。既然平時不跪坐了，跪拜便成為刻意而行的動作，帶上了比較明顯的尊卑色彩。然而，宋代的大臣對君主的跪拜通常都是在極莊重的儀式典禮上。平時大臣見皇帝也不跪拜，只是站立表示尊重，如果需要表示敬意一般則行雙手交叉的揖拜之禮。

從元朝開始，帶有屈辱、卑賤性質的跪拜禮才推行開來。元代御前奏聞時，大臣一律下跪奏聞，極具卑微與諂媚色彩，這與元朝將君臣關係視為主僕關係的觀念也是合拍的。明朝取代元朝，跪拜的禮節沒有改變，因為臣民只是換了個主子，主子骨子裡的主奴思維絲毫沒有變化。朱元璋甚至變本加厲，不光規定臣下見皇帝要下跪，下級向上司稟事也必須下跪。《大明會典》記載：「凡司屬官品級亞於上司官者，稟事則跪。凡近侍官員難拘品級，行跪拜禮。」到了清朝，不光要跪拜，還要磕頭，並且要磕響，以至於有的大臣面見皇帝前要賄賂宮中太監，好讓太監將其領到朝堂內的空心地磚處，這樣磕頭才磕得響。

清朝時，皇帝不光要求自己的臣民下跪，甚至還要求外國的使者下跪。乾隆晚年時，英國使節馬戛爾尼率團訪華，就因為跪拜禮而發生了激烈爭論。甚至有學者認為，馬戛爾

▲ 跪拜禮（出自《康熙帝出巡圖》）

尼的跪拜禮問題背後，是幾十年後中英爆發鴉片戰爭的深層次原因之一，這體現了天朝秩序與平等外交的衝突。

跪拜禮的變遷，不僅僅是禮儀的流變，其背後的實質是時代精神的蛻變，是君主權力空前加強的外在表現。宋朝士大夫敢振言告誡皇帝：「天下者，中國之天下，祖宗之天下，群臣、萬姓、三軍之天下，非陛下之天下。」而元朝之後，大臣的地位卑微到只是皇帝的奴才。至於普通百姓，連當奴才的資格都沒有，只能是蟻民。辛亥革命後，除了對父母長輩或先人牌位，國人下跪的禮節都被廢除了。然而在精神上，很多人還是跪著的。

08

古人冬天如何取暖

在古代，冬天取暖是和每天吃飯同等重要的生活大事，是生存所必需的保障。所以，形容貧窮得無法生存叫「飢寒交迫」。古代沒有暖氣，人們是怎麼取暖的呢？

早在史前文明時代，北方人在建築房屋時就很注意保暖，半坡文明居住的半地穴式房屋，一半挖在地下，就是為了防風保暖。屋內地面中間還挖個坑，周邊用泥土夯實，用來燒火取暖，稱為「火塘」。

秦漢時期又出現了火牆，最早是宮廷裡用的，秦朝的咸陽宮遺址中就有火牆。火牆的內部是中空的，從裡面把牆燒熱，這樣屋子就暖和了。火牆的衍生品是火炕，在大陸東北地區特別流行。《宋文鑒》記載，北方女真族「環屋為土床，熾火其下，而飲食起居其上，謂之炕，以取其暖」。今天大陸北方地區的一些農村還在使用火牆和火炕，尤其是東北，招待客人最溫暖的方式就是招呼你進屋上炕，然後把炕燒得熱呼呼的。王老師生活在東北地區，小時候聽老人講過一個與火炕有關的故事：話說民國時期東北某地徵兵，徵兵負責人把村裡的青年集合起來，圍炕而坐，進行動員宣傳。可青年們不願當兵，所以都沉默不表態。負責人就吩咐他人一個勁兒地燒炕，炕上熱得燙屁股，有人熱得受不了就站起來了，站起來就算同意參軍了。這個故事的真實性並未得到考證，但內容卻體現了火炕與東北民眾生活的密切關係。東北人對幸福的理解也和炕密切相關，所謂「三十畝地一頭牛，老婆孩子熱炕頭」。

以上說的是大型取暖設備，接下來再說說古人小型的取暖物件。最常見的是火盆，就是在盆裡燒炭火。有條件的富貴人家用精緻點的金屬火盆，沒條件的平民人家就用泥盆。因為火盆裡要燒木炭或柴火取暖，所以薪炭在古代是生活的必需品。那時候官員發俸祿，不光發錢發米，還要發薪炭。今天年薪、月薪中的「薪」，最初就是薪炭柴火的意思。薪炭在古代居家生活中非常重要，這一點在大陸電視劇《知否知否應是綠肥紅瘦》第一集中就有體現——為了薪炭，家裡人竟要勾心鬥角。

「圍爐而坐」是古代冬日裡常見的居家景象。有的朋友會擔心，古人冬天在屋裡燒火盆取暖，會不會一氧化碳中毒？首先，古代房屋的密封效果沒有今天這麼好，房屋到處漏風，所以一氧化碳堆積濃度不高，達不到中毒的濃度。另外，火盆是開放式的，氧氣與火盆的接觸面積很大，一般不存在燃燒不充分導致一氧化碳堆積的情況，所以古代因冬天取暖而造成一氧化碳中毒的情況不多。但不多不代表沒有，有學者就猜測：曹操的重要謀士荀彧可能就死於一氧化碳中毒。據說古代人冬天燒火盆時，會在屋裡放一盆冷水，如果發現有人迷昏，就用冷水清醒一下。到了清朝，人們已經知道白蘿蔔湯能解一氧化碳的毒。民間就有這樣一個傳說：晚清時，一個宮女疑似一氧化碳中毒，慈禧太后就讓人把她扶到通風處餵她白蘿蔔湯解毒。

火盆形制比較大，不方便移動，所以古人又發明了火盆的迷你版——手爐。顧名思義，就是可以捧在手上的炭爐，裡面裝著尚有餘溫的炭灰，走到哪裡都可以拿著取暖。明清時期是手爐最為風靡的時代，《紅樓夢》裡就經常提到手爐。明清時的手爐工藝也達到了鼎盛，好的手爐本身也是一件精美的工藝品。那時，大戶人家使用手爐時還會在裡面放些香料或藥材，這樣不光能取暖，還能當熏香用。

還有一種可攜式的取暖物件在宋代便已出現，名曰「湯婆子」。這種取暖物件，一直到現代，還有地方在使用。湯婆子一般是金屬或陶瓷材質的，形狀類似一個沒有壺嘴的大水壺，裡面加滿熱水，外面再套上布套，睡覺時就能放進被窩取暖。「湯」就是熱水的意思，而「婆子」則是戲指其有陪伴人睡覺的作用。

09 古人夏天如何降溫

聊完了古人冬天如何取暖，再聊聊古人夏天如何降溫。古代夏天並不比我們今天涼快，《浮山縣誌》就記載過乾隆八年的極端高溫天氣：「夏五月大熱，道路行人多有斃者，京師更甚，浮人在京貿易者亦有熱斃者。」氣象學家分析，當時的天氣至少達到了攝氏四十度以上。那在沒有空調的古代，這麼熱的夏天，古人是如何降溫的呢？

首先可以使用降溫設備，比如人工風扇。這人工風扇並不是找兩三個丫鬟給你用扇子扇風，那點風力太小了。古時候的大戶人家廳堂上方會安裝拉拽式風扇，一大片扇葉差不多有門板那麼大，由丫鬟拽根繩子拉動扇葉給廳堂送風。此外，還有手搖式的風扇，類似手搖鼓風機。據說古時候還有「空調風扇」，古人使用風扇的時候，會把風扇放在水池後面，或者在風扇前擺兩盆冰塊，這樣送出來的風就是涼的，這種風扇已經具備了空調的功能。還有的人會在風扇前擺很多盆鮮花，這樣吹出來的風都是香的。有錢人就是會玩！另外，古代大宅院的客廳，都會有一種「空調」系統——空調井。在廳堂裡挖一口深井，一直連通地下水，然後在地面留一個送風口，這樣，井下涼風就會源源不斷送進廳堂，達到降溫效果。最豪華的當屬降溫亭——將水引到屋頂，製造人工瀑布，以達到降溫效果。

除了降溫設備，還有降溫飲食。比如吃冷飲、冰鎮水果或飲料。那古人用什麼進行冰鎮呢？其實，早在先秦時代就有人工冰箱了，叫做「冰鑒」。其原理很簡單：製作一個有夾層的容器，在夾層裡放入冰塊，然後在容器內放入食物或飲料進行冰鎮，成為冷飲。宋代的冷飲已經平民化了，北宋都城開封就有種叫「冰團冷元子」的冷飲很是暢銷，其做法類似

▲ 冰鑒（湖北省隨州市曾侯乙墓出土）

今天甜品店中的芋圓。到了元朝，蒙古貴族喜歡在冷飲裡加入乳製品，稱為「奶冰」。據說馬可．波羅來到元朝後就很喜歡吃這種冷飲，並將其製作方法帶回了歐洲，歐洲人在此基礎上發明了冰淇淋。聽起來是不是有點搞笑？正宗的土耳其冰淇淋可能來自中國。

有的讀者可能會產生疑惑：古代夏天的冰是從哪裡弄來的？我聽過多種說法，技術含量最高的說法是古人用硝石製冰：將硝石溶於水，大量吸熱，便可將水冷凍成冰。但這個方法的製冰量太小了，而且非常費事，無法滿足古代夏天巨大的冰塊需求量。所以，王老師認為古人一般不會用這麼麻煩的製冰方法。

其實古人取得冰塊通常的方式不是製冰法，而是存冰法。很簡單，等到冬天自然結冰時將冰塊儲存到地窖裡，然後等到夏天時取出使用。這種簡單的存冰方法，從先秦一直使用到共產中國成立後。儲存的冰塊都取自城市裡的天然河湖，比如北京的北海、積水潭、太平湖，還有濟南的大明湖，都是過去重要的取冰處。寒冬時節，湖面結冰，待到冰面上能走人了，就開始進行切冰作業，把冰切成一立方公尺的冰塊，運送到地窖裡保存。保存時還要在上面蓋上厚厚的稻草保溫，這樣就能挺到夏天而不融化，古代大城市內都建有很多的冰窖。清朝時，北京城內的官方冰窖就有四處十八座，由工部統一管理，存冰量在二十萬塊以上。今天北京的冰窖胡同，就因清朝時這裡設置的冰窖而得名，類似的還有西安的冰窨巷。

北方城市可以在冬天時存冰，那南方城市冬天也不結冰啊，怎麼辦呢？答案是進口，而且進口的是正宗的美國貨。十九世紀上半葉，歐美商人就將北美的冰塊用商船販賣至中國廣東，非常暢銷。有人可能會疑惑，從北美到中國，要穿越赤道，那冰不融化嗎？因為這種出口的冰塊體積特別大，運輸時放在船艙底部避免陽光照射，還會在上面蓋上鋸末等物，阻擋空氣流通，所以融化速度非常緩慢。等運到中國時，除去損耗，還會剩很多。有人還會疑惑：跨越半個地球販賣冰塊，能賺錢嗎？的確不怎麼賺錢，但無可奈何，歐美需要進口中國的貨物，而自給自足的中國卻不怎麼進口歐美貨物。你運別的東西到中國也賣不出去，賣冰塊總比空跑一趟強。而且遠洋航行需要重物壓艙，用冰塊壓艙總比用石頭好。沒辦法，與清朝做買賣就得這樣！

10 古人夏天如何驅蚊

全世界的蚊子有三千多種，其中雌蚊子主要以吸人或動物血為食。被蚊子叮咬後，不光皮膚發癢，甚至還會傳播瘧疾等傳染類疾病。所以，每當夏天來臨，防蚊都是生活中時刻需要注意的事。蚊子在地球上已經生存一億多年了，一直伴隨著我們的祖先茁壯成長。兩千多年前的《莊子．天運篇》裡就有記載「蚊虻噆膚，則通昔不寐矣」，表達了對蚊子的痛恨。那古人夏天是如何防蚊、滅蚊的呢？

煙熏法是古人最常用的驅蚊辦法。蚊子怕煙熏，還懼怕一些特殊的味道。古人發現蚊子的這一習性後，就用煙熏驅蚊。古人發現，燃燒艾草、蒿草的驅蚊效果不錯，而且煙霧不多，味道不嗆人。於是，艾草、蒿草就成為古人驅蚊的常用材料，還被製作成最早的驅蚊工具「火繩」。一直到大陸改革開放前，火繩還在廣大農村地區被使用。秋天人們將結過籽的艾草、蒿草採集回家，像編辮子一樣將其編成繩狀，然後掛在房樑上曬乾，避免受潮。等到第二年夏天，火繩就可以派上用場了，晚上睡覺將其在屋內點燃，驅蚊效果是極好的，火繩的功能類似初級版的蚊香。

至少到了宋朝，古人已經在火繩的基礎上製作出了蚊香。宋代《格物粗談》記載：「端午時，收貯浮萍，陰乾，加雄黃，作紙纏香，燒之，能祛蚊蟲。」從這段記載中我們可以看出，古代「蚊香」裡有雄黃的成分。雄黃是硫化砷礦石，也是古代用途很廣的殺蟲劑。另外，書中還提到了古人在端午時節採集材料製作蚊香，這很有可能與古代端午採集艾草的習俗有關。

蚊香的製作工藝在清代進一步提高。晚清時，一個來華採集茶種的英國人曾寫過一部名為《居住在

▲ 漢代火繩（甘肅嘉峪關長城博物館收藏）

華人之間》的書，其中就有關於蚊香的記載。這個英國人當時從浙江西部去福建武夷山，途中由於氣候炎熱潮濕，被蚊子叮得整夜無法闔眼。他的隨從就購買了一些當地人使用的蚊香，驅殺蚊蟲很有效。他把這一資訊傳回歐洲後，引起了歐洲昆蟲學家和化學家的極大興趣，詢問他這種蚊香是由何種物質合成的。後來，他在浙江定海獲得了這種蚊香的配方——由松香粉、艾蒿粉、煙葉粉、少量的砒霜和硫黃混合而成。是的，含有砒霜，不知道古人燒這種蚊香會不會中毒。

除了蚊香，古人還用香囊驅蚊。香囊在明清時期很是流行，除了有香水的功效，還有驅蚊的效果，因此也成為古代文人雅士和貴族公子的驅蚊最愛。香囊中含有多味中藥，這些中藥的味道具有驅蚊的功效，比如藿香、薄荷、八角、茴香等。這就和今人把「風油精」、「花露水」塗在身上的效果一樣。

除了驅蚊法，古人還有避蚊法。我惹不起還躲不起嗎？把蚊子擋在外面！擋蚊子最常用的工具就是蚊帳了。南朝梁元帝撰寫的《金樓子》記載：春秋時期的齊桓公經常在「翠紗之幬」裡避蚊。這裡的「翠紗之幬」就是今天的蚊帳。唐宋以後蚊帳進一步普及。北宋張耒《離楚夜泊高麗館寄楊克一甥四首》詩稱：「備飢朝煮飯，驅蚊夜張幬。」可以看出，蚊帳已是當時居家必備之物。蚊帳在中國使用了兩千多年，其雄風在當下依舊不減。二〇一六年里約奧運會時，茲卡病毒（Zika virus）肆虐，而蚊子正是病毒的主要傳播途徑。在其他國家運動員「談蚊色變」之時，大陸運動員拿出了老祖宗的法寶——蚊帳，有效地防止了病毒傳播，也引起了他國運動員的效仿。兩千年前的中國製造，而今也能派上大用場。

此外，古人還有許多種奇葩的滅蚊法，比如在家中大缸內注水養青蛙。蚊子喜陰涼，又需要在水中產卵，所以愛往缸裡飛，一飛進去就會被青蛙吃掉。還有一種「滅蚊燈」，小說《金瓶梅》裡有提及。滅蚊燈吊在蚊帳內，燈盞的側面開有小口，當燈繩被點燃後，就會因冷熱不均產生氣流，蚊帳內的蚊子便會被氣流吸進燈盞內燒死。

可以說，與蚊子戰鬥的歷史貫穿了整個人類的文明史。王老師不禁驚嘆古人的聰明才智，也感嘆人類在地球上生存至今的確不易。在此，向我們的先人致敬！

11

古人如何生火

古代沒有打火機和火柴，可小說裡浪跡江湖的大俠們卻能隨時隨地點火來個燒烤，他們是如何生火的呢？接下來就介紹幾種古代的生火方式。

最早的生火方式是鑽木取火，原始人就會用此方法生火了，一直到唐代還有人使用。杜甫的《清明詩》裡就有寫道：「旅雁上雲歸此塞，家人鑽火用青楓。」說的就是鄉下人採用鑽木取火的方式生火。一個熟練掌握鑽木取火方法的人，五六分鐘就可以鑽出火來。當然，這需要極高的手速，男子比較擅長。

鑽木取火比較麻煩，對材料的要求也比較高，必須有乾燥的木頭和引燃材料。後來，人們發明了鑽木取火的升級版——火弓。就是在鑽木取火的那個棒棒上加了個旋轉弓，來回抽拉旋轉弓，就能帶動棒棒高速旋轉，這樣不到一分鐘就可以生出火來。

古代還有一種利用聚焦太陽光生火的工具——陽燧。陽燧可以看作是一個大凹面鏡，能聚集陽光到一點，引燃生火材料。類似陽燧的生火工具在其他古文明中也較為常見。古人認為這種方式取得的火來自太陽，是與天地相通的，無比自然神聖。今天奧運會的聖火採集用的就是這種神聖的方式。但陽燧取火受天氣限制較大，趕上陰雨連綿，你一週都別想生火。

古代有沒有不受天氣影響且便攜快速的取火工具呢？有的，那就是火石，火石在魏晉時就有了。火石取火比較高級，是小說裡大俠們常用的方式。火石一般用燧石或鵝卵石製成，將兩塊火石擊打或摩擦，能產生火星，引燃易燃的火絨。火絨的材質有很多種，有的用艾絨，有的用被硝水泡過的紙或者塗有硫黃的木片，還有的用易燃的炭布。

▲唐朝陽燧（揚州博物館收藏）

火石也有升級版，叫做火鐮。火鐮本身是一個手掌大小的小皮包，側方鑲有一片鐮刀形的鋼條，稱為火鋼。火鐮裡面裝有火石和艾絨，點火的時候就用火石打擊火鋼，引燃艾絨取火，非常方便。一直到共產中國成立後，大陸陝北的一些農村地區還有用火鐮生火的。

古代還有一種神奇的生火工具——火摺子。我們在電視劇裡常看到這樣的場景：大俠們在黑暗處需要點火照明時，就會掏出一個小竹筒，往裡一吹氣，竹筒裡就會生出小火苗，看起來無比神奇。這種生火工具就是「火摺子」，其利用的是物理學上的復燃原理——已經燃燒的東西因為缺氧而處在一種半燃半滅的狀態，當重新獲得充足的氧氣後又可以重新燃燒。火摺子的製作方法是：將易燃的草紙捲或加工過的藤蔓點燃後吹滅火焰，然後塞進小竹筒，再蓋上蓋子，造成竹筒內部的缺氧環境，但竹筒裡面的火星實際還在緩慢燃燒。用的時候打開蓋子，向裡面吹氣供氧，火星就會復燃。

二十世紀初，火柴從西方傳入中國，上述生火工具便慢慢退出了人們的日常生活。

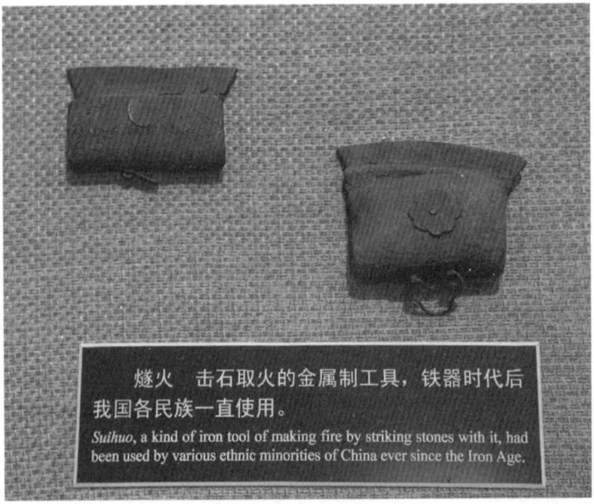
燧火　击石取火的金属制工具，铁器时代后我国各民族一直使用。
Suihuo, a kind of iron tool of making fire by striking stones with it, had been used by various ethnic minorities of China ever since the Iron Age.

▲ 火鐮（中國消防博物館收藏）

12 古人用什麼化妝品

愛美之心自古有之，古代的女人也是要化妝的。古代的化妝品種類繁多，而且成分非常恐怖，古人真的是「什麼東西都敢往臉上抹」。

俗話說「一白遮百醜」，皮膚白皙是古今東方美女的共同追求。今天化妝的基礎是美白用的粉底，而古代美女化妝也用粉來美白。「粉」字是米字旁，最早的粉底就是用米做的。《齊民要術》記載了「古代粉底」的製作方法：將米磨成細粉，淘洗至水清，然後沉於涼水之中發酵，直至發出腐爛臭味。發酵後將米粉沉澱濾出，並研磨成漿，等米漿乾透就製成了粉餅。削去粉餅四周粗劣的部分，將中間雪白光潤的部分留下，稱之為「粉英」。用刀將粉英削成薄片，放在太陽下暴曬，曬乾後揉碎成粉末，粉末越細越好，這就是最後可以化妝用的「粉底」了。

這種用米做的粉底有一個缺點——容易脫落，所以古代美女臉上經常掉渣。這就不好了，男人親一口，然後滿口的粉，場面太尷尬了，於是古人又發明了改進款的粉底——白

▲ 宮廷婦女化妝（出自顧愷之《女史箴圖》）

鉛粉。白鉛粉潔白細膩，還不掉妝。成語「洗盡鉛華」裡的「鉛」，指的就是古代女子化妝用的鉛粉。《水滸傳》裡武松跑路時，孫二娘就是用鉛粉為武松塗面的。鉛粉的製作工藝較為複雜，王老師作為一個文科生愣是沒看懂其工藝流程，所以也就不給大家詳細介紹了，但有一點可以肯定，鉛粉裡含有大量的金屬鉛，而鉛是重金屬，有毒，因此古代女子使用鉛粉久了肌膚變色成黃臉婆，嚴重的還會鉛中毒。古代的女生們為了美也是很拚的！

古代也有彩妝，最古老的便是朱砂。從字面上理解，朱砂就是指紅色的礦石，即硫化汞的天然礦石。將天然朱砂礦石研磨、漂製後得到的紅色顏料就是朱砂。早在商周時，女性，尤其是舞姬與宮女，就將朱砂擦拭在面部當腮紅，畢竟她們都是靠臉吃飯的人。

漢代的朱砂不光能抹臉當腮紅，還能塗唇，但朱砂本身不具有黏性，敷在嘴唇上很快就會被唾沫溶化，聰明的古人就在朱砂裡摻入適量的動物脂膏，其形態和功效很接近今天的口紅了。

漢代還出現了一種外來化妝品——胭脂。胭脂從匈奴地區傳入中國，屬於進口貨，是張騫出使西域時帶回來的。胭脂是將紅藍花搗碎過濾，提取其中的紅色素製作而成的。然而，後唐學者馬縞在其《中華古今注》裡又說胭脂「起自紂，以紅藍花汁凝作燕支」。如果馬縞的說法屬實，那麼胭脂至少已經存在三千年了。不管是進口貨還是國產貨，胭脂在古代彩妝中的霸主地位是不可否認的，甚至在文學作品裡成為美女的代名詞。

再說一下古代的「眉筆」。古代畫眉用黛，所謂「六宮粉黛無顏色」中的粉黛，就是指「粉」和「黛」兩種古代化妝品。黛是一種黑色礦物，又名石黛。將石黛放在黛硯上磨，碾成粉末後加水調和，蘸著它就可以畫眉毛了。畫眉之風起於戰國時期，在黛出現之前，女子們都是用柳枝燒焦後塗在眉毛上。大陸改革開放前，物資極端匱乏，大部分女子沒有眉筆可用，就用燃燒過的火柴頭沾上唾沫後塗在眉毛上，此法還頗具古風。

聊完古代的化妝品後，不難發現古人為了化妝真的是什麼都敢用，據說當時為了美白還有用砒霜的。終於知道為啥「自古紅顏多薄命」了，原來都是化妝品「害」的。

13 古人用什麼洗頭髮

古人講「身體髮膚受之父母」，所以不怎麼剪頭髮，連男士們也是及腰長髮並梳成髮髻的。而古代的美女們都是一頭秀髮，其不光能提升形象，關鍵時刻還能撩人，甚至是皇帝。漢朝的衛子夫，當年就是靠一頭秀髮征服漢武帝的。《太平御覽》記載：「（衛子夫）頭解，上見其髮鬢，悅之，因立為后。」

古人重視頭髮，所以也重視洗頭髮。「沐浴」一詞中的「沐」字，最初就是指洗頭髮。漢朝時，公務員每五天放假一天，就是讓他們回家洗頭髮，這個假期被稱為「休沐」。

有的朋友會詫異，五天洗一次頭髮也太久了，現在三天不洗頭髮都受不了。此一時彼一時，古代的條件和現在沒法比。劈柴、點火、燒水、洗髮、擦乾、梳理，哪個工序都很費時費力。《史記》記載，周公說自己「一沐三捉髮，一飯三吐哺，起以待士，猶恐失天下之賢人」。意思是說，周公禮賢下士，洗頭髮的時候如果趕上有人來求見，他就會握著濕漉漉的頭髮去見。洗一次頭髮，會出現三次這樣的情況。儘管有些誇張，但也能從側面看出古人洗頭髮的確是一個大工程。

那古人洗頭髮用什麼當洗髮精呢？

最常用的是皂莢，俗稱皂角。將泡製過的皂角放在水盆裡加水反覆揉搓，或用硬物砸碎，待水質略微黏稠後將雜質撈出，剩下的液體就是古人的皂角純草本洗髮精了。用這種皂角洗髮精洗髮，去汙、養髮的功效極佳，還有烏髮、固髮的功效。

▲ 木槿葉

用皂角洗頭髮，稍微有點刺激性味道，有的人不太習慣。於是，跟皂角功效類似，味道卻更為清爽的木槿葉便大受歡迎。木槿葉洗髮精的製作方法和皂角大同小異。

關於木槿葉洗頭髮，

有一個傳說：七夕時，牛郎織女鵲橋相會，織女流下的相思淚水會從鵲橋上飄落下來，落在凡間的木槿樹葉上，所以七夕那天用木槿葉洗頭，就可以得到織女的保佑，未婚的女子就能很快找到如意郎君。今天，大陸南方的一些地方，依然有七夕用木槿葉洗髮的習俗。

古人還有用茶枯洗髮的。茶枯餅是用油茶籽榨油後殘渣壓製而成，雖然看起來很髒，但因其具有殺菌去汙的能力，一直是古人的洗髮佳品。二十世紀七八十年代，很多南方女性還在用茶枯洗髮。

古人還有用草木灰洗頭髮的。草木灰屬於鹼性洗髮劑，可以去油止癢。草木灰中富含碳酸鉀，對油脂有很好的吸附效果，用草木灰洗頭髮可以讓油膩膩的頭髮變得乾淨清爽，非常適合油性發質。

另外，古人還有許多取材容易的洗髮用品，據說先秦時期已經有人開始用淘米水來洗頭髮了。還有用醋洗頭髮的，我小時候就見過我媽媽用醋洗頭髮，洗完後，她渾身充滿了酸味。

14 古代男子有哪些髮型

上一篇咱們講了，古代的男子也是長髮及腰的，但在公眾場合，一般不會讓它飄起來，而是要把頭髮梳起來盤成髮髻。古代男子的髮式，不僅具有美學價值，而且更多體現的是社會的象徵意義。每個時代的社會情況不同，男子的髮式也隨之演變。

上古時代，沒有禮教約束，男子的髮式比較放飛自我，頭髮都是散著的，被稱作「披髮」。慢慢地，中原地區出現了將頭髮梳起來盤成髮髻的習俗，被稱作「綰髻」。綰髻就是把頭髮都集中攏到頭頂，在頭頂盤出一個髮髻，最開始是一個小團狀，後來逐漸變成錐子狀，也稱「錐髻」。古人之所以選擇這樣的髮式，可能因為這樣方便勞動。

周朝制定禮法，確立了冠服禮俗制度，男子的綰髻也成為定制。綰髮時將頭髮全部束至頭頂，然後戴個小冠，並用笄（也稱「簪」）橫穿冠下的小孔把髮髻固定住。身分低微的人，就用一塊包頭布把髮髻包裹起來。小孩子是不綰髮的，一般是散著或者梳小辮子。等到二十歲成年了（民間多在十五歲），就要舉行成人儀式，名曰「冠禮」，意思就是可以綰髮加冠了，所以從古人的髮型也能看出他們的年齡。

古人的綰髻束髮是全束的，不會留下一部分散著。今天的古裝劇中，很多男子是半束髮，一半梳成髮髻，一半散著飄在腦後，看起來飄逸帥氣，但這不符合真實的歷史。剛才說過，髮式還具有社會功能——區分華夏和夷狄。綰髻束髮是華夏正統的標誌，只有被看作是夷狄的少數民族才會散髮或編成辮子。中國古代只有在南北朝時出現過半束髮，那時候北方遊牧民族南下，遊牧民族盛行的披髮對中原產生了影響，開始流行半束髮的髮式。半束髮是胡漢結合的表現，存在的時間很短。

▲ 遊牧民族的髡髮留辮樣式

在周朝之後的絕大多數時間裡，中原人都是綰髻束髮的。不同時期的區別就在於髮髻外面的佩飾有所不同。周朝至漢朝，髮髻上是戴冠或包頭巾。唐宋時期流行戴「襆頭」，襆頭是類似帽子一樣的飾品。唐與宋的襆頭區別也很大，唐朝的襆頭帽頂是圓弧的，且帽後的兩腳是下垂的，有點像耷拉下來的兔子耳朵；而宋代的襆頭帽頂是平的或矩形的，帽後的兩腳是平直的，而且很長很長，很像飛機機翼。據說將襆頭加長是宋太祖的決定，因為他討厭朝會時大臣們在下面竊竊私語。將襆頭加長後，大臣們就不敢相互靠近，因為襆頭容易撞臉。

遼金元三朝，北方遊牧民族再次入主中原，遊牧民族髡髮留辮的習俗開始在中原流行起來。髡髮是將頭頂部分的頭髮剃除，只在兩鬢或前額留下少量頭髮，這些頭髮一般會梳成辮子，也叫留辮。在中原王朝統治時期，髡髮是一種刑罰，人犯罪了就把你頭髮剃光，以示懲戒，但少數民族平時就有髡髮的習慣。遼金元三朝統治者就是少數民族，為了表示順從，其統治區域內的漢族人便也跟著流行髡髮。特別是元朝時，不光中國實行髡髮，就連在元朝控制下的高麗國也是髡髮。高麗元宗的世子忠烈王，早年在元朝生活，歸國繼位後，就在高麗主張儘快實行髡髮，與元朝官方髮式保持高度一致。

明朝時期，又恢復了綰髻束髮的髮式，可是僅僅過了兩百多年，遊牧民族又回來了。清朝建立，中國再次開始髡髮留辮，而且清朝政府對髮式的要求異常苛刻，將是否髡髮留辮視為是否歸服清王朝的標誌。不剪髮留辮，就是不服從清朝的統治，是要殺頭的，以至於清初還有「留髮不留頭，留頭不留髮」的說法。清朝人留的辮子，不同時期的樣式也不盡相同。早期的辮子短而細，被稱為「金錢鼠尾」，中後期辮子就粗又長了。

古代男子如此重視髮式，一旦脫髮了就會更鬧心，怪不得杜甫會哀嘆「白頭搔更短，渾欲不勝簪」。

15 古人刷牙嗎

有的朋友認為：古代又沒有牙膏牙刷，古人肯定不刷牙，口氣就如廁所裡的氣味，並因此而擔憂穿越回古代是否需要多帶點口香糖？其實這種擔憂大可不必，古人也是刷牙的。在這一篇我們就聊聊古人是如何刷牙的。

中國人自古就重視牙齒的整潔與美觀。例如：《詩經．衛風．碩人》中形容美女牙齒「齒如瓠犀」，就是牙齒如同葫蘆子一樣整齊潔白。那時人們清潔牙齒的方式不是「刷」牙，而是「漱」牙。《禮記．內則》中就記載：「雞初鳴，咸盥漱。」意思就是說，天亮了，雞打鳴了，就要洗臉漱口了。漱口一直是古人最主要的牙齒清潔方式，一直沿用到近代。

古人用的漱口水也是五花八門，最常用的是鹽水。不光用鹽漱口，還能用鹽擦牙，《紅樓夢》裡賈寶玉就有每天清晨用鹽擦牙的習慣。鹽的確有殺菌消炎的作用，還能一定程度上預防牙周疾病和牙齦出血。此外，古人還有用茶水、酒和明礬水漱口的，據說明礬水能有效預防口瘡。現代社會確實也有將明礬水加橄欖用於漱口的，可以去除口臭。

到了隋唐時期，「刷牙」開始在中國出現了。那時候的刷牙方式和我們今天不一樣，用的是「揩齒法」。這種「揩齒法」源於古印度，和佛教有關。相傳，當年釋迦牟尼在菩提樹下布教，圍繞在周圍的弟子們口臭相當嚴重，於是釋迦牟尼開始勸說人們重視清潔牙齒，並教弟子們如何用樹枝製造刷牙工具。後來，隨著佛教傳入中國，「揩齒法」也傳到了中國。唐朝醫書《外臺秘要》具體記載了這種揩齒法：「每朝楊柳枝咬頭軟，點取藥揩齒，香而光潔。」意思是說，將楊柳枝的一頭用牙齒咬軟了，再蘸上少許藥粉，用來刷牙。這種刷牙方法也被稱為「楊柳枝揩齒法」，所用的楊柳枝又叫做「齒木」。齒木是中國最早的刷牙用具，可謂那個時代的「牙刷」。如果沒有楊柳枝，也可以用其他樹枝代替，實在不行就用手指直接揩牙。敦煌石窟第一九六窟有一幅晚唐壁畫《勞度叉鬥聖變》，其中就能看到用手指揩齒的畫面。今天的日語中還有「楊枝」一詞，意為牙籤、牙刷，應該就是保留了中國唐朝的叫法。

儘管唐朝有了揩齒法，但學界對於這種刷牙方式在唐朝的普及程度存在爭議。有觀點認為，唐朝時只有僧人團體會揩齒，並未在社會上廣泛普及。到了宋朝，中國終於出現了真正的牙刷，叫做「刷牙子」。宋人周守中在《養生類纂》中記載：「蓋刷牙子皆是馬尾為之。」最初的牙刷毛多是用馬尾巴製作的，一寸多長，置於牛角之上，其形狀跟現代的牙刷類似。不過，宋朝比較缺馬，馬尾較少，用來做牙刷成本太貴，所以市場上常見的牙刷不一定都用馬尾製作，也可能是用豬毛製作的。

南宋遺老周密在《夢粱錄》裡回憶道：「獅子巷口有凌家刷牙鋪，金子巷口有傅官人刷牙鋪。」說明南宋時期杭州已經有人專門開店賣牙刷了，看來刷牙在南宋已經比較普遍。

古人刷牙的時候並不是用牙刷乾刷，而是和現代人用牙膏一樣，要在牙刷頭上蘸清潔劑。這種牙齒清潔劑有膏和粉兩種，其成分包含皂角、生薑、升麻、地黃、旱蓮等中草藥，可能會再放一些鹽，古人的牙膏可是純草本的。宋朝時還發明了一種牙刷和牙膏的結合品，叫「牙香籌」。用香料和藥材製成固體清潔劑，固定在牙刷上，用牙香籌反覆清潔牙齒，然後再漱口。這種牙香籌可重複使用多次，而且攜帶方便，是古代人旅途必備之佳品。

後來，中國的牙刷傳到了歐洲，受到貴族階層的歡迎，但由於售價較高，一般歐洲民眾難以承受。直到十九世紀三十年代，用尼龍做毛的牙刷誕生了，因其價格低廉，從而進入了尋常百姓家。

16 古人養寵物嗎

日益孤獨的現代社會，寵物成為很多人的知心陪伴。其實，不只是今人，古人也養寵物，這一篇咱們就聊聊古代比較常見的寵物。

最先陪伴古人的寵物，是忠心耿耿的「汪星人」——狗。狗的祖先是狼，是人類最早馴化的動物之一，距今已有上萬年了。有研究表明，大陸南方是最早馴化狗的地方。狗是從中國奔向全世界的，可以說中國是狗的「故鄉」。先秦時期，狗和馬、牛、羊、雞、豬合稱六畜，還有專門負責養狗的官，稱為「犬人」，就是「狗官」的意思。

中國人最初養狗的目的不是當寵物，而是為了打獵和吃肉。漢初名將樊噲，就是屠狗出身，可以看出直到漢朝初年，中國人還保留著吃狗的習慣。到了唐宋時期，養寵物狗成為風尚，狗還在唐朝名畫《簪花仕女圖》中成功搶鏡。

慈禧是歷史上有名的愛狗人士，她在皇宮裡設立了養狗處，養了許多京巴犬，還配有四個太監專門伺候。這些狗吃的是牛肉、鹿肉，喝的是雞鴨魚湯。慈禧愛狗，甚於愛人。

正所謂「慈禧的小京巴，大姐的小奶狗，說人不人，說狗不狗」。

貓在古代也被當作寵物來養，但其馴化歷史比狗短很多。普遍認為，三四千年前的埃及人開始馴化貓，貓在埃及最初是被當作神來看待的。在古代中國，貓的地位也很高，甚至祭祀的時候還是主角之一。《禮記》中記載：天子每年臘月的祭天儀式中有個「迎貓」環節。之所以這麼看重貓，可能是其目光神祕迷離，被認為能通神。另外，貓能抓老鼠，「迎貓」也有祈求滅鼠的意味。莊重嚴肅的祭天儀式中，眾目睽睽之下，「喵星人」被抬著出場，那畫面想想就有喜感。

▲ 寵物狗（出自《簪花仕女圖》）

▲ 寵物貓（出自周文矩《仕女圖》）

到了宋朝，文人愛養貓，陸游的詩裡就稱貓為「狸奴」。現在的文人似乎也更偏愛貓，也許是因為貓比狗安靜的緣故。宋朝的貓還登上過政治舞臺，上演了「狸貓換太子」事件。明朝嘉靖皇帝是個有名的貓奴，其養的愛貓死了，讓大臣寫詞紀念，並厚葬景山北面，稱「虬龍塚」，立碑祭祀。儘管人類很愛貓，但貓對人類卻始終高冷。有人說貓很薄情，還說貓不懂感恩，以至於人類在牠面前更像奴隸，所以人才是「貓奴」，其實這是和貓半馴化的特性有關的。狗是完全馴化了，所以跟人更親近。但是科研人員通過對比野貓和家貓的基因組後發現，家貓仍然只是停留在「半馴化」狀態。與其說是人類馴化了貓，不如說是貓選擇了和人類一起生活並馴化了人類。

除了阿貓阿狗，古人也馴養其他寵物。比如說養鶴，《簪花仕女圖》中，貴婦人在逗弄小狗的時候，邊上還站著一隻仙鶴。仙鶴在古代象徵吉祥長壽，所以受到古人的喜愛，成為寵物。

還有個長壽的動物古人也很愛養，那就是烏龜。古人養烏龜的歷史很久遠，《論語·公冶長》中就講到魯國貴族看到烏龜長壽，便將烏龜視為靈物，為烏龜建了很奢華的屋子。烏龜在古代一直象徵吉祥如意，甚至人們起名字時都帶「龜」字。比如唐朝詩人杜甫有個好朋友叫李龜年，我們上學時都學過杜甫的那首《江南逢李龜年》。今天，烏龜的地位則一落千丈，帶上了貶義色彩，出現了縮頭烏龜、龜公之類的說法。

養烏龜在古代還有個作用，就是用來檢測水質。據說古人打井後，多會在井裡投放一隻烏龜。如果烏龜活著，就說明水質安全；如果烏龜死了，就說明這水有問題，甚至可能是有人投毒。所以，烏龜在古代不光是寵物，還是水質檢測員。手機視頻平臺「抖音」上有人直播在野外荒廢的水井裡下網，說老井裡能捕上來烏龜。我當時看了還質疑，水井裡哪來的烏龜？後來看到古人養烏龜的原因，我就恍然大悟了。也許那個人抓的烏龜，就是自己的祖輩投放的「水質檢測員」，或者是牠的後代。

17 古人最愛什麼體育運動

「文武之道，一張一弛。」古代也有休閒的體育運動，這一篇咱們就來介紹兩種比較流行的項目。

第一個是投壺。投壺是古代士人階層宴飲時常玩的一項遊戲，也屬於投擲類體育運動。投壺的基本玩法是在地面上立一個細身小口的高身壺，參與者離壺一定距離向壺內投擲弓箭，以投中多少和投中位置定勝負。投壺在古代也是一種社交禮儀，早期貴族在宴飲集會時要進行「射禮」，但射禮太危險，而且太費體力，慢慢就被投壺所取代。投壺於戰國時就比較流行了，唐宋時更是普及成為全民運動。大陸電視劇《知否知否應是綠肥紅瘦》（以下簡稱《知否》）第一集中，就上演了宋代大戶宴飲時的投壺場面，比較真實地還原了投壺這一運動的歷史原貌。

投壺的具體規則是怎樣的呢？不同時代的規則不盡相同，同一時代不同地區的規則也有區別。司馬光是個投壺愛好者，看到社會上投壺玩法繁雜，就寫了一部《投壺新格》來總結和規範投壺的規則。位高權重的司馬光，居然會為一項體育運動寫專著，可以看出古人並不是死板一塊，也是愛生活、愛運動的。我們就以宋代為例，說說古代的投壺規則。

投壺用的壺，最初是光面的，晉朝時壺身上部多了兩個壺耳，壺耳內也可投擲。宋代的投壺沿用了帶壺耳的壺。投壺有多種得分方式。第一箭投入壺中，叫做「有初」，得分十算，也叫十籌。第二箭開始，連續投入的，叫做「連中」，得分五算。最後一箭投入壺中的，叫做「有終」，得分二十算。投壺一局一般投十二枝箭，全部投中稱為「全壺」，如果一方「全壺」則立即勝利。投壺時，箭身前半段進入壺內，後半段倚在壺口邊緣的，叫做「倚竿」。倚竿是很難操作的，多半是靠運氣。在電視劇《知否》裡，女主角明蘭

▲ 投壺（出自商喜《宣宗行樂圖》）

▲蹴鞠（出自商喜《宣宗行樂圖》）

投壺時最後一箭就是倚竿，還因此贏得了比賽。然而按照司馬光的新標準，倚竿是不能得分的，因為司馬光認為倚竿是靠運氣，不合禮儀，所以不算分。司馬光是《知否》同時期的人物，也許是新規則還沒有普及，否則明蘭就贏不了了。還有比倚竿得分更高的「倒中」，即箭倒著進入壺中，這種操作極難，可以得分一百算。

說完了投壺，我們再介紹一下古代的足球。無須驚訝，從某種角度講，中國還是「足球」的發源地呢！只是那時候還不叫足球，而叫「蹴鞠」。一九八五年七月，時任國際足總會長的夏維蘭治博士來中國時曾表示：足球起源於中國。二〇〇五年，時任國際足總會長的布拉特還為足球起源地山東臨淄頒發了「足球起源地證書」，但古代的蹴鞠和現代足球的玩法還是有很大區別的。

蹴鞠在戰國時代就有了，的確是起源於齊國都城臨淄，也就是今天的山東淄博。到了漢代，已形成一整套的比賽規則：雙方各六人，外加一個裁判，以踢進對方球門的次數定勝負，但那時的球門是地上挖的洞，而且是各六個球門，踢的球也是實心的。

宋代是中國蹴鞠發展的巔峰時代，雙方隊員可增加至十六人，球門也變成了各一個，而且高度也變高了，差不多有今天籃球籃框的高度。宋代蹴鞠還出現了新玩法，即表演性質的，看誰踢球踢得好看，看誰的動作難度高，這有點像今天的踢毽子。這種非對抗性玩法在當時更受歡迎，因為它更符合中國古代「和為貴」的處世態度。

宋代蹴鞠已經開始職業化運營，有專業的球員，還有專門的蹴鞠社團，類似今天的足球俱樂部。當時最有名的蹴鞠社團叫「齊雲社」。齊雲社有自己的隊歌，屬於頂級豪門，在當時有資格舉辦全國聯賽，並在全國各大城市都設有分社，以臨安（杭州）的齊雲社實力最為雄厚。齊雲社中的社員在全國走穴（巡演），還要根據技術高低分成等級，最高級稱校尉。如果是女社員，進入校尉級就稱女校尉，看來中國自古就重視「女足」的發展。

千年前的宋代人竟如此熱愛蹴鞠，甚至有了商業化營運的模樣，真的讓今人自愧不如。難怪今人會打趣：自從高俅離開之後，中國足球已經沒落了八百年。

18 古人能活多少歲

很多人以為古人都很長壽，估計是覺得那時自然環境無汙染，食品也都綠色安全，所以古人都很能活。網路上談古人壽命的話題時，總會提到一個叫彭祖的人，生活在四千年前的上古時代，活八百歲。有一種合理的解釋說當時採用的是「小花甲計歲法」，即六十天為一年，這樣計算的話，彭祖的八百歲只相當於一百三十歲。儘管一百三十歲也是難以置信的，但至少人類努力一下還能接近。

那麼一般情況下，古人能活多少歲呢？大陸學者林萬孝經過研究統計，在《中國歷代人平均壽命和預期壽命》一文中給出的古人平均壽命是：先秦十八歲，漢朝二十二歲，唐朝二十七歲，宋朝三十歲，清朝三十三歲。杜甫說「人生七十古來稀」，其實活過三十都不易。

為何會這麼短？

首先，古代的嬰幼兒夭折率非常高，拉低了平均壽命。乾隆皇帝十七個兒子，有七個不到八歲就夭折了。皇家尚且如此，育嬰條件欠佳的尋常百姓家，孩子的夭折率肯定更高了。夭折率一高，平均壽命就會低一大截。就像你家房子的面積是六十坪，隔壁老王家房子的面積是六坪，你倆的人均住房面積就被拉低到三十三坪。根據人口學的寇爾－德曼模型生命表，在平均壽命為三十歲的社會情中，百分之四十的人會在十歲前死亡。對於古人來說，十歲是一個檻，活過去了，後面的日子就細水長流了。不夭折的話，一般能活到四五十歲。陝西臨潼新豐鎮秦文化墓地的考古結果顯示，在二百例確定年齡的遺骸中，死於二十四至三十五歲壯年階段的占三十九例，死於三十六至五十九歲中年階段的占七十三例，還有二十九例活過了六十歲。這座墓葬中不含未成年人，古代夭折的孩子一般是不和成人埋在一起的。

其次，即使古人好不容易活到了成年，也不一定能壽終正寢，還有好多考驗等著他，比如頻繁的戰亂。像五胡亂華的魏晉時期、蒙古族人入主中原的宋末元初時期，還有太平天國運動的晚清時期，都是中國古代人均壽命的低谷時期。另外，戰亂和自然災害導致的饑荒，也會使很多人餓死。

最後，還有一個影響壽命的至關重要的因素——醫療條件。在古代，看病是非常貴的，《紅樓夢》裡講醫生出診一次要一兩銀子，相當於普通人近半個月的收入，這還不算藥費。在古代，除了達官貴人等有錢人家，普通民眾幾乎看不起病。儘管古代也有慈善機構可以免費診治疾病，但僅限於大城市，且作用有限。「小病靠扛，大病等死」，是中國古代的普遍醫療狀況。小說《駱駝祥子》裡，虎妞難產，祥子去請醫生，卻花不起診費，最後只能看著虎妞死去。

在古代，即使你有錢看得起醫生，能不能治好也要看運氣，因為那時醫術普遍不高，「庸醫殺人」的事經常出現。在沒有現代醫學（西醫）前，疾病的死亡率是非常高的，得個流感都可能會死。現在很多很好治的病，在古代都是要命的，比如傷寒、瘧疾、肺結核。肺結核在古代叫肺癆，有分析認為林黛玉就是得這個病死的。還有天花，死亡率極高，以至於清朝皇帝立儲時都會考慮皇子是否已經熬過天花的考驗。這種死亡率極高的病，在現代已經被根除消滅了。古時候，被狗咬了都會有生命危險，如傷口感染，一旦染上狂犬病，那更是必死無疑了。

中華人民共和國成立後，大陸普及現代醫學，提高了人均壽命。一五計畫時期，依靠蘇聯援助建立了華北製藥廠，基本滿足了青黴素和鏈黴素的需求。不要小看青黴素，這個在二十世紀由英國科學家佛萊明發現的抗菌素，拯救了無數人的生命。

歷史是發展的，時代是進步的。很多人羨慕古人的生活，但如果真讓你穿越回去，沒準都熬不過一年，得個感冒就一命嗚呼了。所以，穿越之前，別忘了買點藥帶著。

飲食篇

古人喝酒，為什麼那麼能喝

19
古人一天吃幾頓飯

無論是上學的，還是上班的，一日三餐都已經成為現代人餐制的標準。那古人一天吃幾頓飯呢？我們來考察一下。

在原始社會，人們靠採集和狩獵獲得食物，食物來源很不穩定，一天吃幾頓飯也不固定。食物豐富的時候，可能一天吃好幾頓，一直吃到撐；食物匱乏的時候，可能一天也吃不上一頓飯。大陸電視劇《我愛我家》中，葛優飾演的二混子是個四處混吃喝的流浪漢，他對自己的胃口這樣描述：「這就是我們行業的特點了，有吃吃得下，沒吃扛得住，一頓飯前後管一個禮拜，這樣的胃口才過得硬。」那時古人的胃口估計也差不多這樣子。

進入農耕社會後，人們的食物來源相對穩定了，開始有了規律的餐制，但早期的餐制並不是一日三餐，而是一日兩餐。

中國最早的文獻記載見於甲骨文中，裡面就記載了商朝時的一日兩餐制。那時候人們將一晝夜分為八個時段，依次是：旦、大食、大采、中日、昃、小食、小采、夕。這八個時間段並不是將一晝夜二十四小時平均分割，而是根據人們的作息活動將一晝夜劃分成八個長短不一的時間段，每一個時間段的名稱則表示這個時間段的主要作息活動。比如說，「夕」是時間最長的，整個夜晚都叫夕，就是人們睡覺的時間段。「旦」就是早晨起床的時間，大約是早上五點到七點的黎明時分。你應該也猜到了，這八個時段中的「大食」和「小食」對應的就是吃飯的時間段。學者分析，大食的時間應該是上午八點，小食的時間應該是下午四點。也就是說，在商朝的時候，古人是一日兩餐，上午一餐，下午一餐。

至少從西周開始，中國人又將一晝夜二十四小時平均劃分為十二個時段，是為「十二時辰計時法」。這十二個時辰中，有兩個叫「食時」和「晡時」的時辰，就是古人一日兩餐的時間，分別是上午的七點到九點和下午的三點到五點。如果以地支命名，「食時」和「晡時」又叫做「辰時」和「申時」。

古人的一日兩餐，上午餐稱「饔」，下午餐稱「飧」，正所謂「朝曰饔，夕曰飧」，因此還有了成語「饔飧不繼」，意指吃了上頓沒下頓，形容生活十分窮困。

先秦時期形成的一日兩餐的傳統，到唐朝時發生了變化。唐朝時，在上下午兩餐的中間，多了一頓點心。也許是因為唐朝時人們白天活動的時間較之前延長了，兩頓飯中間隔得太久容易餓，所以就在中午加了頓點心，是為午飯的雛形。今天南方一些地區，仍然管吃午飯叫「吃點心」，這種說法可能就是延續了古人的叫法。無獨有偶，在韓語裡面，「點心」一詞也指午飯，很有可能是古時候受到了中國的影響。但需要說明的是，唐朝的午餐多存在於士人和富裕階層，普通民眾依舊是一日兩餐。

到了宋朝，商品經濟活躍，城市空前繁榮，人們的生活節奏也加快了，吃午餐就更必要了，以至於有的學者認為，一日三餐在宋朝已經普及。「普及」這一說法多少有些誇大，但至少較之前更為普遍了。宋代夜市發達，晚上還可以吃夜宵，所以，宋代可能還有一日四餐的情況，不過這屬於城市中的特殊情況。在宋代，一天吃多頓飯是財富和社會地位的象徵。

明朝時，江南地區基本普及了一日三餐。到了清朝，漢族人基本上都是一日三餐了。但是，作為統治者的滿族人，仍然保留著一日兩餐的傳統。康熙皇帝就曾在給大臣的朱批中寫道：「爾漢人一日三餐，夜又飲酒。朕一日兩餐。當年出師塞外，日食一餐。」可以看出，一日幾餐還涉及民族習慣和價值觀念。

20 古代的「炊餅」是什麼餅

《水滸傳》裡，武大郎的職業是賣炊餅。很多人以為武大郎賣的炊餅就是今天的燒餅，大陸甚至還有廠商以武大郎名字作為品牌，註冊了燒餅的商標。其實這是對武大郎的誤解、對炊餅的誤解和對歷史的誤解，武大郎賣的炊餅並不是燒餅。

炊餅是一種麵食，中國很早就開始吃麵食了，而餅又是麵食中最常見的做法。在古代，麵食幾乎都可以被稱為餅。漢朝比較常見的是「胡餅」，麵餅上撒上芝麻，烤熟了吃，芝麻當時又叫胡麻，所以胡餅也叫胡麻餅。其實胡餅才像今天的燒餅，更確切地說，像今天的饢。據說胡餅起源於西域胡人，漢代才傳入中原，屬於「西方進口」食品。據《太平御覽》引《續漢書》記載，漢靈帝就特愛吃胡餅，這位皇帝鍾情於各種胡人傳過來的新玩意兒，吃的用的都喜歡，是一個很時尚的皇帝。到了唐代，胡餅更為流行，成為人民群眾喜聞樂見的食物。白居易曾寫詩盛讚胡餅：「胡麻餅樣學京都，麵脆油香新出爐。」《唐語林》還記載了一種做法奇特的胡餅：將一斤羊肉一層一層鋪在麵餅當中，「隔中以椒、豉」，就是在餅與餅的中間放椒和豆豉，「潤以酥」，用酥油澆灌整個餅，然後放入火爐中烤，烤到大約五成熟的時候就可以取出來食用了。這種胡餅的製作方法，很像今天的披薩。

古代還有一種叫湯餅的麵食，顧名思義，帶湯的，肯定是煮出來的，類似今天的麵條。還有一種叫蒸餅的麵食，就是蒸出來的餅。將麵團發酵後再蒸出來，其做法類似今天的饅頭。蒸餅很常見，先秦時就有了，但是到了宋朝卻改名了。因為宋朝第四位皇帝叫趙禎，蒸餅的「蒸」字發音和「禎」字相近，古人很講究避尊者諱，不能直呼皇帝的姓名，更何況在人見人吃的食品，所以從宋朝開始，蒸餅不叫蒸餅了，改叫「炊餅」。答案揭曉了：武大郎賣的炊餅，就是蒸餅，類似今天的饅頭。

有的人看小說時看到古代也有叫「饅頭」的麵食，這個饅頭和蒸餅一樣嗎？不一樣！古代稱為饅頭的麵食，裡面一般是帶餡的，多為肉餡。南宋《夢粱錄》中記載：南宋都城臨安城中有賣羊肉饅頭、糖肉饅頭、魚肉饅頭、蟹肉饅頭等等。明朝宋詡寫的烹飪著作《宋氏養生部》就特別註明了：饅頭有餡，蒸餅無餡。宋明時期的饅頭，更像今天的包子。清朝開始，對帶餡饅頭和不帶餡的饅頭在叫法上作了區分：北方管無餡的叫饅頭，有餡的叫包子；南方依舊管有餡的叫饅頭。

饅頭最初出現的時候，是用來祭祀的，因為它長得像人頭。原始社會流行「人首祭」，祭祀祖先神靈的時候要用人頭。後來歷史發展了，人類變得文明了，就改用人頭形狀的食品替代人首來祭祀，這樣就出現了饅頭。

民間還有種說法：饅頭是諸葛亮發明的。諸葛亮當年進軍西南蠻夷地區，勝利後班師回朝，在渡瀘水時，巨浪滔天，無法渡過。停留期間，由於瘴氣濕重，很多士兵又都中了毒。當地流傳著一個說法：想要解毒和渡過瀘水，就必須用四十九顆南蠻人的頭當祭品來安撫瀘水河神。此時西南戰事剛剛結束，本已生靈塗炭，諸葛亮不忍再殺害南蠻人，就下令殺牛宰羊，剁成肉餡，再用麵團包成人頭形狀，上屜蒸熟，稱為「蠻頭」，意為蠻族人的頭。然後用「蠻頭」在瀘水邊祭祀，最終得以渡江。後來，人們覺得蠻頭的名字太血腥了，就改稱為「饅頭」。這一說法太過傳奇，可信度不高。然而，饅頭的出現與古代祭祀活動有關，這是學界普遍認可的。由此可見，儘管傳說不足信，但可能有其歷史起源。

21 古人經常吃牛肉嗎

我們看《水滸傳》裡的梁山好漢都很愛吃牛肉。有人統計過，《水滸傳》全書共有四十八處描寫了吃牛肉的情節，其中最著名的橋段是武松到景陽岡飯店：

酒家道：「只有熟牛肉。」

武松道：「好的切二三斤來吃酒。」

那麼，古人真的經常吃牛肉嗎？答案是否定的。因為在農耕社會，牛是重要的勞動耕畜和運輸工具，是家庭的重要財產，是嚴禁被屠宰吃肉的。中國歷朝歷代都有立法明令禁止殺牛，例如在漢朝，殺牛等同於殺人，可以判死刑。《淮南子》記載：「王法禁殺牛，犯禁殺之者誅。」到了唐朝，雖然廢除了殺牛償命的規定，但殺牛行為依然要被判一年半徒刑，或去做苦役，所以古人是不能隨意吃牛肉的，那《水滸傳》裡的英雄好漢為何總吃牛肉呢？

首先，他們吃的可能是老死、病死或意外死亡的牛，這樣的牛肉是可以吃的，但需要官府的批准。其次，《水滸傳》裡賣牛肉的多是鄉野郊區的野店黑店，官府監管不到，偷偷摸摸賣點牛肉也沒人管。另外，梁山泊這些英雄好漢，多是和官府唱反調的，作者為了突出他們的反抗精神，所以專門吃官府保護的牛。《水滸傳》中的故事情節多來源於元雜劇，而元雜劇中最初的「梁山好漢」吃的並不是牛肉。元雜劇《黑旋風雙獻功》中，李逵吃的是「一罐子羊肉泡飯」。涉及魯智深的幾部元雜劇，主角吃的也是羊肉，因此《水滸傳》作者施耐庵把吃羊肉改為吃牛肉，可能是為了突出梁山英雄好漢們的反抗精神。所謂「造反有理，一反到底」，吃牛肉也是反抗精神的體現。

還有一點更為重要，古代官方嚴禁吃牛肉，但不代表民間就真的能禁絕。就像今天吃熊掌等野生動物違法，但民間還是有鋌而走險吃的。舌尖上的中國，為了吃，沒有什麼不可以。正因為官方禁止，所以市面上牛肉稀缺，牛肉價格遠高於其他肉類。古人為追求暴利，私自殺牛的事屢禁不止。宋代時，每斤牛肉可以賣百錢，按照購買力換算，折合今天的人民幣約一百八十塊錢。在利益的趨勢下，一定會有人鋌而走險，這也是古代能吃到牛肉的最重要原因。

宋真宗時，一個叫孔宗閔的官員上奏說「浙人以牛肉為上味，不逞之輩競於屠殺」。由此可見，當時浙江私殺耕牛的情況非常嚴重。宋真宗聽後大為震驚，下旨要求嚴厲懲處，開展「嚴打吃牛肉」全國行動。然而行動無疾而終，因為官員上奏說民間吃牛肉的太多了，如果都抓起來，恐怕咱們宋朝的監獄都不夠用。宋真宗無奈，最後只能作罷——誰愛吃就吃吧！

同樣是宋朝，山東萊州地區的官員對待民間吃牛肉問題的處理就顯得更「與時俱進」：看到吃牛肉的太多，乾脆就收起了「吃牛稅」——吃牛肉可以，但你得交稅！重商主義的宋朝，真的很會利用經濟槓桿。這樣一來，既打開了牛肉市場，豐富民眾的菜盤，又充實了地方政府的錢包，一舉兩得。但是，農業社會吃牛太多，的確會對農業經濟造成嚴重損害，最終又會破壞傳統經濟的根基，所以「吃牛稅」遭到了強烈的批評，政府最後也停止了該政策，繼續嚴禁吃牛肉，這就又回到無法禁絕的局面。

看來，在古代吹牛不算厲害，吃牛才厲害呢！

22 古人吃哪些蔬菜

上一篇咱們聊了古人吃肉的話題，接下來我們再說說古人吃蔬菜的事。如果穿越回古代，看到古人吃的蔬菜，很多人會立刻崩潰——這居然也是蔬菜？

大家都聽過先秦時期的荇菜，這種菜在《詩經》開篇裡就有寫，聽起來是一種很高端的蔬菜，其實荇菜就是我們今天池塘裡常見的浮葉。據說荇菜清熱利尿，怪不得詩人見到姑娘會想到荇菜，原來是因為求之不得怕上火啊！

漢朝時有五種主要蔬菜，被稱為五菜，即「葵、韭、藿、薤、蔥」。今人穿越回去，恐怕只認得韭菜和大蔥。五菜裡最流行的是「葵」，也就是今天的冬莧菜。漢樂府《十五從軍征》裡就寫過「采葵持作羹」。另外，《詩經》裡寫的「采葑采菲」中的葑和菲也是古代常見的蔬菜，葑就是蔓菁，在大陸東北叫「芥菜疙瘩」，主要用來醃鹹菜吃。它還有個俗名叫「布留克」，據說來自俄語音譯。「布留克」諧音是「不留客」，在東北有種說法：拿芥菜疙瘩招待客人的就是想送客了。至於菲，聽名字不要太期待，它其實就是我們今天常吃的大蘿蔔。古人也吃白菜，叫做菘，但古代吃的白菜是小白菜，到了明清之際，才改進雜交出大白菜。

中國人今天吃的大部分蔬菜是古時候從外國傳入的。絲綢之路開通後，大量西域蔬菜傳入中國，比如從伊朗傳入的黃瓜（當時叫胡瓜）、尼泊爾傳入的菠菜、印度傳入的茄子。到了唐朝，餐桌上的蔬菜就比較豐富了。明朝時，由於歐洲人開闢新航路，發現了美洲，更多蔬菜傳入了中國，比如馬鈴薯、番薯、番茄、番瓜（番瓜就是南瓜），還有今天川菜中最重要的一樣蔬菜——辣椒，也是這個時期從美洲傳入的。我們今天吃的蔬菜瓜果裡，帶有番字的，一般都是明清之際傳入中國的舶來品，因為那時候我們習慣稱外國為「番」。如果蔬菜名字中帶有胡字的，則一般是唐朝時傳入中國的舶來品，因為那時候我們習慣稱外國為「胡」。番和胡都帶有以中華為中心的天朝意識，小小的蔬菜名都能映射出歷史大背景。

外來農作物對中國歷史發展影響最大的就是明清之際的玉米和番薯了，東北俗稱苞米和地瓜。這兩樣農作物引入中國後，逐漸成為主食，確切地說不算蔬菜。玉米和番薯最大的優勢是環境適應能力強，對土地要求不高，可以種植在貧瘠的山區或丘陵坡地，不與中國傳統的稻麥作物爭地。康乾盛世期間，人口繁育速度快，人口壓力凸顯，最大的壓力就是沒有足夠的糧食。為了鼓勵民眾開墾荒地，乾隆時制定了包括免稅在內的多項優惠政策，鼓勵民眾開墾荒地用來種植玉米、番薯等高產作物。

自從乾隆時期廣泛推廣玉米、番薯種植後，中國的人口就呈現出爆炸式增長，最終達到農耕文明的頂峰四億。香港科技大學歷史學教授龔啟聖通過對大量資料分析後認為：「從一七七六年到一九一〇年間，中國約百分十四的人口增長是由玉米所致。而從十六世紀初到二十世紀初，中國糧食增量的百分之五十五是來自這三項新作物（玉米、番薯和馬鈴薯）。」近代中國的四萬萬同胞，真心應該感謝來自遠方的地瓜和玉米。

23 古人什麼時候開始吃炒菜

炒菜是中餐特有的烹飪方式，也是最重要的烹飪方式。有統計表明，中餐菜肴裡有百分之八十左右都是炒菜，以至於外國人認為「炒菜是中國菜之所以豐富的原因」。然而在中餐歷史上，炒菜的出現相對比較晚，其霸主地位的確立也僅僅是最近三四百年的事情。

中餐最早的烹飪方式主要是煮和烤，這種較為樸素的烹飪方式一直流行到唐朝。唐朝時，稱燒烤為「炙」。不要一提燒烤就想到烤全羊這種簡單粗暴的方式，古人在燒烤上花的心思絕對是今人想不到的。比如唐朝京都有道名菜「渾羊段忽」，做法非常複雜。宰殺一隻鵝，然後將糯米和各種調味品放到鵝肚子裡，再將鵝放入宰殺好的羊腹中縫合，最後整體上火烤。等羊肉烤熟了，再把肚子裡的鵝拿出來吃。

唐代有一份菜單流傳到今天，即著名的「燒尾宴」。當中有一道「光明蝦炙」，據分析就是烤大蝦。除此之外還有烤鵪鶉、烤羊舌、烤鹿舌等等。可以說燒烤才是中國菜中最早的霸主。

至於煮，就是做各種湯羹，今天廣東人依然喜歡煲湯，和古人最初的飲食傳統一致。另外，古代還有一種常見的菜品，叫做「膾」，就是肉或魚切絲。在唐朝，膾一般是生魚切片。今天的日本人愛吃生魚片，不知是不是受到了唐朝的影響。生魚片加燒烤，就是成語「膾炙人口」的由來了。

唐朝之前，中國也有炒菜，最早的記載見於南北朝的《齊民要術》。歷史上炒菜的祖宗，是一道非常簡單的菜品——炒雞蛋，但是炒菜在那時候並不流行，很少在大眾餐桌上出現。到了宋朝，炒菜才逐漸普及。《東京夢華錄》裡記載的炒菜就有炒雞、炒兔、炒羊、炒牡蠣、炒腰子等等。到了明清，炒菜便成為中餐最主要的烹飪方式，一直延續到今天。

為何炒菜在宋代之後才開始普及呢？

首先是鐵鍋技術的發展。宋代之後，古代的鋼鐵鑄造技術定型，鐵鍋技術逐漸完善。到了元明時期，薄鐵鍋製造技術更加成熟，炒菜的霸主地位也隨之奠定。鐵鍋技術是炒菜流行的條件之一。

炒菜流行的條件之二是油料的普及。油是炒菜最關鍵的原料。唐朝之前，油料並沒有大量出現，只有少量動物油，而且不會用於炒菜。唐朝時，植物油開始普及，炒菜的流行也開始成為可能。到了明清兩朝，北美花生油登陸中國，這種油料非常適合炒菜，為炒菜的崛起提供了另一個重要條件。

另外，食材種類的變化也起到了關鍵性的作用。唐代及唐代以前，人們皆以肉食為美，素菜種類不多。宋代時，素菜開始大放異彩。而素菜的烹飪，最佳方式還是炒，炒出來的蔬菜最美味。蔬菜的流行，為炒菜提供了大量食材來源。

宋朝之後炒菜的流行，也跟肉類食材的匱乏有一定關係，特別是明清兩朝，人口壓力大，普通民眾很少能吃到肉。用二三兩肉結合蔬菜，就可製作出各種美味的炒菜，這是其他烹飪方式無法做到的。明清之際，北方民眾燃料緊缺，而燒烤和燉煮需要長時間加熱，太費燃料，於是炒菜因加熱時間短，節約燃料，受到了大眾青睞。

綜上所述，古人最初不怎麼吃炒菜，宋代之後才流行吃。今天，相對於其他菜系而言，粵菜和日本料理中的炒菜比例相對較小，不知道是不是保留了華夏最初的烹飪習慣。所以，如果你是枚吃貨還想穿越，最好是穿越到宋代以後。否則，你每天就只能喝「湯」吃「燒烤」了。

24

古人用什麼餐具

用筷子或刀叉作為餐具，是不同文明根據自身情況的自我選擇，沒有優劣之分。很多人並不知道，中國人最早用的餐具還真不是筷子，而是刀叉。

筷子最初叫「箸」，現存最早的筷子是河南安陽殷墟出土的青銅箸。《韓非子》還記載「昔者紂為象箸」，是說紂王用過象牙做的筷子。由此可見，筷子的出現應該是在商朝，距今三千多年，而中國人用刀叉的歷史卻更久遠，至少比筷子早一千年。這也不難理解，

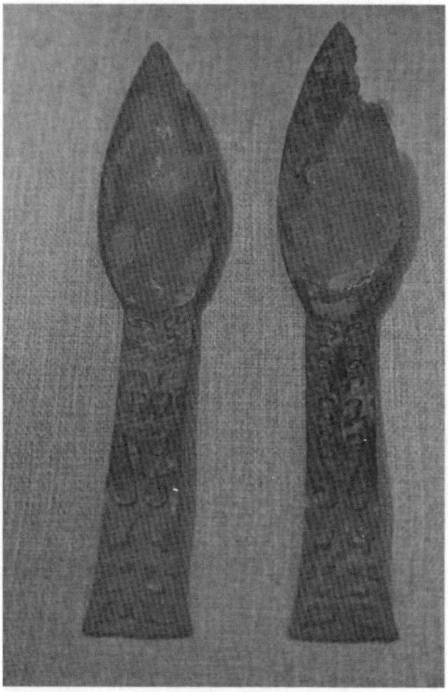

▲青銅匕（洛陽博物館收藏）

因為從食物進化的角度看，人類最初的食物並不精細，從茹毛飲血到文明初期的大塊肉，顯然更適合用刀叉分割食物。

中國人最早用的餐具是餐刀，稱為「匕」。考古出土的先秦青銅匕，前半部是扁而微凹的，這樣既可以當刀用，也可以當勺用。後來又出現了餐叉，在距今四千年的西北齊家文化遺址中，就出土了骨質的餐叉。刀叉並用的情況，一直延續到戰國時代。商周時期出現的筷子，主要是上層貴族使用。因為貴族的飲食已經精細化了，製作食物時將大塊食材分割成小塊，這樣在食用的時候就不必再用刀叉切割，直接用筷子夾入口中即可。在古代，動手越少越代表尊貴，所以筷子的出現是等級分化和食物製作精細化共同作用的結果。

周朝制定了華夏社會的禮法，外形鋒利的刀叉不如筷子文雅，被禮法所拋棄。優雅的筷子成為先進中華文化的代表，被周邊國家廣泛認可，也從貴族階層走進了尋常百姓家。民眾階層使用的筷子，多是用廉價的竹子或木頭製成，所以「箸」字是竹字頭。

另外，筷子成為中國的主流餐具，還和農耕文明的特質有關。遊牧文明以食肉為主，吃肉就離不開刀叉；農耕文明的主食不是肉，而是糧食和蔬菜。無論麵條、米飯、炒菜，都更適合用筷子吃。古代的遊牧文明也比較仰慕中華文化，也學著用筷子，但實踐過程中發現筷子無法應對他們常吃的大塊肉。後來，遊牧民族就將筷子和刀叉並用，進行了文明融合後的改良。

那古代西方人用什麼餐具呢？在古代大部分時間裡，西方人是不用餐具的，而是直接用手抓著吃。即便是強盛的羅馬帝國時代，貴族最時尚的吃法也是躺在床上用手取食物吃。在基督教統治的中世紀時代，手抓食物更是從宗教和文化上被認可，教會認為食物都是上帝恩賜給人類的，必須用手直接接觸才能體現敬意，用餐具是對上帝的傲慢無禮。西方人用手抓食物吃也有等級區別，王室和貴族是用三個手指抓著吃，平民用五個手指抓著吃。今天的印度人還用手抓食物吃，所以他們一般不敢吃火鍋。

那西方人是什麼時候開始使用刀叉的呢？歷史學者分析，人們廣泛使用餐叉是從西元十世紀的拜占庭帝國時期開始的。據傳，是因為義大利麵汁水太多，用手抓吃相太難看，於是就有了餐叉，可以把麵條捲在四個叉齒上送進嘴裡。還有的學者認為餐叉並不是西方人的原創發明，而很可能是從東方傳入的。因為拜占庭帝國位於東西文明的交會處，所以成為最早使用東方叉子的地區，而餐叉傳播的源頭可能就是中國。

25 古人吃火鍋嗎

火鍋是中國人非常喜愛的美食，大江南北，長城內外，只要有中國人的地方就會有火鍋。火鍋種類眾多，若按江湖論，可分為三大門派。北方火鍋以涮羊肉為主，粵式火鍋以潮汕牛肉為代表，而居於霸主地位的還得說是川渝火鍋。這一篇咱們就聊聊中國火鍋的歷史。

如果將火鍋簡單理解為「用鍋燒水涮食物吃」的話，那麼中國火鍋的歷史就非常悠久了。早在先秦時期，中國就已經有火鍋了，但用的不是鍋，而是鼎，準確的叫法應該是「火鼎」。到了漢代，還出現了內部分格子的鼎，樣子有點像今天的九宮格火鍋。那時候的火鍋不是即涮即吃，而是用沸水長時間煮食物，其做法更像今天大陸東北的大鍋燉。

到了宋代，人們開始用火鍋涮肉吃了，但涮的不是牛羊肉，而是兔肉。宋人吃火鍋的時候，大家圍坐在「風爐」（上面架著火鍋）四周，將醃製好的兔肉放入沸水中滾熟，夾出後即刻食用。口味重的還可以蘸著調味料吃，很有今天吃火鍋的味道了。宋朝林洪撰寫的飲食書籍《山家清供》裡，盛讚這種火鍋是「浪湧晴江雪，風翻照晚霞」，意思就是說湯鍋沸騰如白雪，兔肉鮮紅似晚霞。宋人風雅，給涮兔肉火鍋起的名字就叫「撥霞供」，這個名字不但色香味俱全，還很文藝。

真正奠定今天涮肉火鍋基礎的是蒙古族人。蒙古族人好吃羊肉，但在外行軍打仗時，燉羊肉很麻煩，因此他們就將羊肉薄切，在沸水裡涮一下即熟。隨著蒙古族人征服中原，這種火鍋也傳入了內地。熱氣騰騰的涮肉火鍋，在北方更受歡迎，因為它不光好吃，還能取暖。

▲古代的銅火鍋（青海省博物館收藏）

到了清朝，因為滿族人是從東北來的，所以很愛吃熱呼呼的火鍋。清朝曾經舉辦過幾次規模宏大的「千叟宴」（皇帝宴請六七十歲以上的老人聚餐），宴席上就有皇帝喜愛的火鍋。乾隆五十年那次千叟宴，火鍋更是成了宴席的主角。根據文獻《清代宮廷大宴——

千叟宴》記載，那次千叟宴共分兩個等級的宴席：

一等宴席每桌擺設火鍋兩個，熤羊肉片一個，鹿尾燒鹿肉一盤，熤羊肉烏叉一盤，葷菜四碗，蒸食壽意一盤，爐食壽意一盤，螺螄盒小菜兩個，烏木筋兩隻；另外備肉絲燙飯。次等宴席每桌擺設火鍋兩個（銅製），豬肉片一個，熤羊肉片一個，熤羊肉一盤，烤狍肉一盤，蒸食壽意一盤，爐食壽意一盤，螺螄盒小菜兩個，烏木筋兩隻；同樣備肉絲燙飯。

可以看出，兩個等級的宴席中，火鍋都是最主要的菜品。皇家的喜愛，就會引起民間的流行。火鍋後來流傳至京城市肆，多由清真飯館經營。《舊都百話》有記載：「羊肉鍋子，為歲寒時最普通之美味，須與羊肉館食之。此等吃法，乃北方遊牧遺風加以研究進化，而成為特別風味。」據說直到光緒年間，北京「東來順」羊肉館的老掌櫃買通了太監，從宮中偷出了「涮羊肉」的作料配方，「涮羊肉」才得以在都市名菜館中出售。

今天紅遍大江南北的川渝火鍋，其出現的歷史要晚於涮肉火鍋。川渝火鍋的特點是麻辣，而中國人食用辣椒不過是最近二三百年的事，因此川渝火鍋不可能早過這個時間。川渝火鍋的具體誕生時間可能是在晚清和民國交際時，誕生地點則應是長江沿岸的碼頭地帶，具體地點有重慶說和瀘州說。一種流傳較廣的說法是：重慶朝天門碼頭一帶，原是回民屠宰牲口的地方。回民宰牛後將內臟丟棄，貧窮的碼頭船夫、縴夫們則將其撿回，洗淨後倒入鍋中，加入辣椒、花椒、薑、蒜、鹽等辛辣作料，煮而食之，這就成了川渝火鍋的起源。他們當時涮的大多是毛肚、鴨腸等富人不吃的下水，都是便宜貨，所以最初的川渝火鍋是不折不扣的窮人食品。美食不問出身，大閘蟹在最初也是窮人吃的，但誰能說現在吃大閘蟹的還都是窮人呢？

26 古人什麼時候開始吃辣椒

一般認為，世界上最早吃辣椒的是美洲的印第安人。中國古人也愛吃辣，但辣味的最初來源並不是辣椒。古代最常用的辛辣味調料是花椒、吳茱萸、生薑。吳茱萸就是王維詩裡說的「遍插茱萸少一人」中的茱萸。用量比例最大的辛辣味調料是花椒，唐朝時，三分之一以上的菜餚都用到花椒。可以說，花椒才是中國古代的辛辣之王。

辣椒在明朝末年才傳入中國，因此明朝之前中國人是吃不到辣椒的。以前看過一個中醫在微博裡說：張仲景在漢朝發明了餃子給大家禦寒，餃子餡裡面就有辣椒。這純屬無稽之談，除非張仲景穿越到了明朝。文獻上首次對辣椒的記載，見於明朝萬曆年間高濂的《遵生八箋》。學者分析，辣椒可能是通過海上絲綢之路傳入中國，最先進入的是浙江地區，隨後傳入湖南、雲貴地區，再然後是陝西和山東，傳到四川已經比較晚了。在辣椒傳入之前，川菜的辛辣味多來自花椒。花椒更多體現的是麻，其辣度遠不如辣椒。經常有人說「四川人吃辣兩百年，吃麻上千年」，這種說法是有道理的。

然而辣椒最初傳入的時候並不用來食用，而是作為觀賞植物，真是暴殄天物！最先吃辣椒的可能也不是四川人，而是貴州人，並且是被貧窮逼出來的。清朝時貴州交通閉塞，物資匱乏，人們缺少食鹽，康熙年間貴州人只好用辣椒代替食鹽來烹飪。到了乾隆年間，辣椒已經被貴州人廣泛食用，爾後又傳入雲南和湖南的交界地區。今天吃辣的核心區四川，普遍吃上辣椒，得是晚清時候的事了，至今也就一百多年的時間。

今天，中國是全球辣椒產量最大的國家，超過世界總產量的一半。中國哪個地區的人最愛吃辣椒呢？是四川人嗎？是的！根據歷史地理學者藍勇的統計，中國飲食辛辣指數最高的是川渝地區，指數高達一百五十一；第二名是湖南，辛辣指數五十九；第三是湖北，辛辣指數二十九；最低的是廣東，辛辣指數約為九。不知道為何沒有統計貴州，在王老師的印象中，貴州人吃辣不遜色於四川人，老乾媽就可以證明。

為何四川人愛吃辣椒呢？這和氣候有很大的關係，如果將中國吃辣指數地圖和太陽輻射量地圖相對比，大家會發現：重辣區與太陽輻射熱量每年低於一百一十千卡的地區高度重合，而且重辣區多是冬季濕冷地區。愛吃辣椒的人，多居住在光照少或冬季濕冷的地區。如果光照也少冬季也濕冷，那一定是重辣區，四川就屬於這種。

四川人最愛吃辣椒，但辣椒產量最大的地區則是山東。中國最辣的辣椒也不產自四川，而是海南的黃燈籠辣椒和雲南的涮涮辣。世界上最辣的辣椒也並不產在中國，而是美國的卡羅來納死神辣椒，辣度指數超過朝天椒一百倍，生吃這種辣椒可以完美詮釋成語「生不如死」，你可千萬不要試！

27 古人怎麼喝茶

在許多南方方言裡，喝茶被叫做「吃茶」。比如說講閩語的福建人，就說「吃茶」。稱「喝茶」為「吃茶」，可能是保留了古人的叫法。唐朝時，人們就不是喝茶，而是吃茶。

唐朝之前，人們飲茶的目的五花八門，有當藥的，有當菜的，喝法有點像喝中藥或喝菜湯。到了唐朝，飲茶開始成風，臺灣藝人周杰倫有首歌叫《爺爺泡的茶》，裡面就唱道：「唐朝陸羽寫茶經三卷，流傳了千年。」

唐朝飲茶成風與當時佛教的興盛密切相關，佛教禪宗講究坐禪修行，就是盤腿一動不動地坐在那兒思考，一坐就是小半天，這很耗費體力，所以僧人就靠吃茶來補充體力，相當於今人喝功能性飲料。

唐朝形成了較為規範的喝茶方法，和今天很不一樣——不是喝茶，而是「吃茶」。如今有很多方言裡還保留「吃茶」一詞。一九八七年，陝西扶風法門寺出土了一整套唐朝宮廷吃茶器具，可以還原唐朝人的吃茶方式。唐朝人吃茶的時候，不是沖泡茶葉，而是煮茶或煎茶。他們用的多是「餅團茶」，先把生茶葉蒸青、搗碎，做成茶餅烘乾，然後存放在茶籠裡，茶籠四周鏤空，便於通風。有時候還要給茶籠加熱，烘焙茶餅。吃茶時，先用茶碾器將茶餅碾碎，將碎末放入篩籮中，篩去雜質，留下茶粉，然後煎製。煎茶時將茶粉和各種作料放在一起煮。作料有啥呢？一般是蔥、薑、鹽等，還有的放橘皮、茱萸、薄荷、桂皮等。煮出來的茶是黏稠狀的，所以叫做茶湯。這樣的茶，最佳用法是吃，而不是喝。法門寺茶具所還原的唐朝吃茶方法，和陸羽《茶經》中描述的吃茶方法基本契合。可以將其簡要概括為以下六個步驟：焙炙、碾碎、篩籮、煮水加鹽、加茶末、品茶。

唐朝的茶是碾成粉後飲用，這種飲用茶粉的習慣後來傳到了日本，慢慢就演化出了抹茶，今天仍受大家歡迎。當下，一提到抹茶，大家會覺得它來自日本，其實抹茶的起源是中國的唐朝，只是日本保留了唐朝的古風。

到了宋朝，更為流行的是點茶法。儘管同樣是用茶粉作為原料，但與煎茶法不同的是，點茶法是將茶粉放在茶碗裡，注入少量沸水調成糊狀，然後繼續注入沸水，同時用茶筅攪動，使茶末上浮，形成粥面。

宋朝的文人喜歡比拚點茶手藝，制定了一整套的規則，形成了「鬥茶」的風俗。宋徽宗還寫過一部關於茶的專著《大觀茶論》，裡面對鬥茶風俗有詳細的記載。其整個過程為：

「攪動茶膏，漸加擊拂，手輕筅重，指繞腕旋，上下透徹，如酵蘗之起面，疏星皎月，燦然而生。」這種帶有表演性質的點茶技藝，單從操作本身來看，今天日本的茶道與之非常相似。

到了明朝，人們發明了炒青製茶法，茶的喝法也發生了巨大改變。炒青後的茶葉用熱水沖泡即可，無須食用就能享受其芳香。明朝人也認為，相比繁瑣的點茶飲法，泡茶飲法「簡便異常，天趣悉備，可謂盡茶之真味」。另外，明朝放棄吃茶，也和明太祖提倡節儉有關。宋朝時，宮廷喝的茶主要產自閩南和嶺南一帶，因茶餅上印有龍的圖案，所以又稱「龍團」，龍團的飲用方法須煎飲。《餘冬序錄摘抄內外篇》中曾記載，「太祖以重勞民力，罷

▲抹茶

▲擂茶

造龍團，一照各處，采芽以進」。因此不喝煎飲的龍團了，飲茶方法也改變了。受朱元璋影響，明朝以後的茶葉才開始流行沖泡後清飲，一直延續到了今天。

現在，大陸南方一些地方依然會在煮茶時加入一些作料，和唐朝人吃茶很像。廣東汕尾地區流行一種「擂茶」，將綠茶加入大米、花生、食鹽、生薑等作料放入缽內，用一根半公尺長的「擂棍」搗碎，然後再加水煮沸。透過擂茶，我們可窺視唐朝吃茶情景之一二。擂茶，也許是穿越了千年的活歷史。

28 古人為什麼那麼能喝

文學作品或影視劇裡的古人往往都很能喝酒。「李白鬥酒詩百篇」，唐代用的小斗，一斗大約合今天兩公升，也就是說，李白能喝兩公升的酒。這還不重要，關鍵是喝完這麼多還能寫詩，今人喝了這麼多估計只能「尿濕」了。更厲害的是武松，在景陽岡喝了十八碗。這一碗不管怎樣也能裝二百毫升的酒，就算武松手抖，灑了許多，十八碗也得有三公升的酒。武松喝完還能上山，還能打虎，而今人喝了三公升白酒，只能上醫院了。

古人為什麼有這麼高的酒量呢？玄機就在於他們喝的酒和我們今天的酒不一樣。

古人最早喝的酒是釀造酒，以大米、黍米、粟米等穀物為主要原料，發酵釀造而成。這種酒的過濾技術不成熟，釀出來的酒，還含有不少細微米渣等雜質，所以呈現出渾濁狀態。那時釀酒也沒有無菌技術，釀出來的酒含有很多微生物，顏色可能是綠的，表面還會浮一層白色的漂浮物，如同白色的螞蟻，所以也有「蟻綠酒」之稱。古代文學作品經常稱酒為「濁酒」，這是因為釀酒技術不成熟造成的。這種酒容易腐敗變質，所以那時候的人喝酒習慣煮了再喝。曹操與劉備煮酒論英雄，實際上是在搞殺菌消毒工作。

唐朝以前的酒，更像今天的醪糟，酒精度多數也就一度左右，而酒肆或者酒坊裡賣的酒，往往會把裡面的雜質進一步澄清過濾，因此也稱為「清酒」。這種酒經過窖藏以後，度數可達五度左右，在那時已經是很好的酒。李白喝的酒，頂多也就五度，和今天的啤酒差不多。李白喝一斗酒，也就相當於今天的四瓶啤酒。這酒量，在我的老家黑龍江，也就是中學生的水準。

到了宋代，釀酒工藝有所提升，酒精度估計能到十度左右了。武松喝的十八碗酒，頂多就是這個度數。換算成今天五十多度的白酒，武松應該喝了半公升左右。這個酒量在今天也算厲害了，但在武松的老家山東，這樣酒量的漢子還是不難找的。

在宋代之前，古人喝的酒都是前面說的釀造酒，也叫發酵酒，度數一般不會高於十度，基本可以當作啤酒喝，所以古人喝酒都是用大碗的。

到了元朝，釀酒工藝有了劃時代的革新，這種革新來自北方遊牧民族的影響。元朝是蒙古族人建立的政權，在其之前北方還存在過遼、金等遊牧民族政權。遊牧民族生活在蒙古草原和東北地區，冬季長且寒冷，因此喜歡喝高度酒來取暖，像今天的戰鬥民族俄羅斯人，就愛喝伏特加這種高度酒。元朝前後，北方遊牧民族從阿拉伯人、波斯人那裡學會了蒸餾技術，再結合中國傳統的釀製工藝，釀造出了中國特色的高度穀物蒸餾酒。

這種蒸餾酒的製作方法，是把經過發酵的釀酒原料進行一次或多次的蒸餾提純而成。釀造酒之所以度數低，是因為裡面的水分和雜質太多，而蒸餾的過程則是根據酒的物理特性將其提純。酒精的汽化點約是攝氏七十八度，水的汽化點是攝氏一百度。蒸餾時，將發酵後的酒液加熱到約七十八度到攝氏一百度之間的一個恆定溫度，酒精就會從酒液裡汽化出來，再將汽化酒精輸入管道冷卻，便能液化成高純度酒液。多次蒸餾後，酒液的酒精含量就更高。這種蒸餾酒的酒精度一般都能達到四十度以上，高一些的能達到六十多度。我們今天喝的白酒，就是這種蒸餾酒。

蒸餾酒技術隨著蒙古族人入主中原而被帶到內地，所以元朝之後中國開始流行喝蒸餾酒，一直延續至今。關於蒸餾酒的起源時間，學界還有爭議，有的認為是宋朝或更早，但主流觀點仍然認為元朝是蒸餾酒的起源時間。當今那些歷史悠久的白酒品牌，例如「水井坊」和「國窖一五七三」，它們的誕生年代都沒有早於元朝的，一般是明朝。

如果有人想穿越回元朝之後喝酒，他得悠著點兒，但如果是元朝以前，他就不用怕，可以跟古人放心大膽地喝！

文化篇

古人說話，也用文言文嗎

29 古人說話也用文言文嗎

很多人以為古人在日常說話時也滿口「之乎者也」，擔心穿越回去不會說「文言文」，沒法和古人交流。這種擔心是多餘的，因為古人日常交流用的也是白話文。

所謂文言文，是古人寫文章時用的書面語言。春秋以前，文言文與口語白話文的區別並不大，文言文實際上就是將商周時期的口語簡化後變形而成的。到了春秋戰國時期，文言文基本定型，以後的兩千年基本沒有變過，但口語白話文卻一直在變，變化的原因主要是受移民的影響，比如遊牧民族入主中原所導致的語言變化。唐朝之後，白話文和文言文分離得更加明顯，人們平時說話和寫文章已經完全不一樣了。

那古人為何寫文章的時候不用白話文呢？這樣豈不是更方便讀懂嗎？白話文儘管容易讀懂，但真的不容易寫，因為用字太多。同等資訊含量的內容，如果用白話文，會比文言文多出一倍的文字量。在紙張沒有發明前，古人在青銅器上鑄字、竹簡上刻字、絲帛上寫字，這些書寫材料都十分昂貴，而且書寫過程也很費勁。所以，古人為了省錢省力，寫文章的時候必須惜字如金，文言文這種精簡化的用語就體現了它的優勢。打個比方，你正在讀的這部書總共十餘萬字，如果用竹簡寫成，需要近十五公斤的竹簡。如果百萬字的長篇小說用竹簡寫成，大部分人是買不起的，因此，古人用文言文的最初目的是為了省字控制成本。

東漢改進了造紙術，唐宋普及了印刷術。書寫材料便宜了，過程也不那麼費勁了，為啥還用文言文呢？這主要是因為文化傳承的慣性，文言文格式穩定，言簡意賅，有表達優勢。另外，古代的知識分子用文言文還能提高自己的格調——這樣能把自己和普通的「吃瓜群眾」區分開來，通過體現文化的高低差異來獲得優越感。兩千多年來，使用文言文一直是讀書人的身分象徵，直到新文化運動宣導白話文後，文言文的優越感才消失。

宋朝之後，隨著民眾閱讀的普及，白話文在書籍文章中的使用數量大大增多。宋代興起了一種新的文學形式「話本」，實際上就是說書藝人表演時使用的底本。這種話本融合了口語和書面語，產生了一種淺近文言體，即白話小說。此後的暢銷類小說基本都用白話文了，這樣讀起來比較貼近真實生活，而且大家都能讀得懂，四大名著就是此類小說的代表。今天的初中生讀四大名著就容易，但讀純文言體的《史記》就費勁多了。

宋朝之後的白話文和今天差別不大了，基本上都能看懂。史書上記載過一段宋代官府審問一個婦女的對話，這婦女砍傷了自己的丈夫，官府的原話是這樣說的：「是你斫傷本夫？實道來，不打你。」和今人說話相比，只是個別字的用法聽起來有些彆扭，但不影響理解整句話的意思。

明朝時朱元璋寫聖旨也多用白話文，因為他的文化水準不高，用白話文方便點。朱元璋有一道聖旨下達抗倭令，要求抵禦海盜，原話是這樣說的：「奉天承運，皇帝詔曰：告訴百姓們，準備好刀子，這幫傢伙來了，殺了再說。欽此。」如此簡單粗暴的白話文，今天的小孩子也能聽懂，毫無違和感。

到了清朝，白話文和今天基本無異。性情中人的雍正皇帝，給大臣寫朱批的時候就時常冒出兩句白話文，用這樣的方式拉近與大臣的情感。比如：朕就是這樣漢子，就是這樣秉性，就是這樣皇帝。他甚至還給大臣寫過「你好嗎」這樣今人常用的口語。

儘管古人講話也用白話文，但並不代表你穿越回去就能聽懂。因為同樣的白話文，古人的發音和今天不一樣。關於此問題，下一篇會詳細論述。

30 古人能聽懂我們說話嗎

前面講過，古人日常說話也講白話文。那穿越回古代，我們能不能和古人無障礙交流呢？答案是不能。因為古人即使講白話文，其白話文的發音也是古漢語發音，和我們現代漢語發音大不相同。

根據古漢語學者的研究，歷史上古代漢語的發音大致經過三個時期的變化，分別是上古音、中古音和近古音。上古音指從西周到漢朝的漢語發音；中古音指從南北朝到唐朝的漢語發音；近古音指從宋朝到清朝的漢語發音。（關於古漢語的發音分期，學界存在不同的觀點，此處只採用這種較為廣泛的說法。）

這三種發音之間的差距非常大，和現代漢語的發音更是天壤之別。為什麼古漢語的發音會有這麼大的變化？很重要的一個原因就是歷史上北方遊牧民族不斷南遷，他們講的胡語與中原漢語融合，導致了漢語發音發生了重大變化。有的語言學家認為，今天的閩南語、粵語、廣東客家話和江浙吳語保留了一些古漢語的發音。原因就是最初的漢語使用者，在胡人入主中原的時候，不斷地向南遷，衣冠南渡，把最初的古漢語的發音帶到了南方，經過千百年的世事滄桑，至今還殘存著一些。比如，古漢語發音中有個入聲，在今天的普通話四個聲調中已經沒有了，但是在吳語粵語等方言裡依然還有入聲。今天的日語和韓語裡也保留著一些古漢語發音的元素，所以南方人在學日語發音時會感到一絲親切，學起來很順口。

有的人會感到疑惑：古代又沒有答錄機，你是怎麼知道古漢語發音的？其實用不著答錄機，用拼音的方式就可以拼出古漢語的發音。古代沒有今天的中文拼音，卻有一套類似拼音的文字注音體系，叫「反切法」。簡單地說，就是用兩個字為一個字注音。一般都會選擇兩個常用字來反切，前面的字取其聲母，後面的字取其韻母和聲調。比如山峰的峰，反切法注音為「房生切」，取「房」字的聲母ㄈ，取「生」字的韻母ㄥ和聲調「一聲」，反切出來就是峰了。

中國人早在兩千年前就使用反切法了，今天學者通過隋朝的《切韻》等韻書可以復推出中古音系，但上古音的復推比較麻煩，還要借助親屬語言（比如藏語）的發音規律，但這些都復推，不可能和古人完全一致。

有的人還疑惑：今天用國語讀唐詩還是很押韻，怎麼能說中古音和國語發音不一樣呢？

這是因為中古音的韻母和今天的韻母變化沒有太大，特別是平聲韻（句尾押韻字為一聲或二聲）的唐詩，今天讀起來依然押韻，可你若讀上古音時代的《詩經》，你就會發現不怎麼押韻了。

古漢語發音是個很有趣的問題，但要記住：如果想穿越回古代幹大事，一定要選擇好時代；否則，你穿回去可能連話都聽不懂。穿越有風險，選擇須謹慎！

31 中國方言的歷史起源

漢語是漢文化的重要載體，漢文化的博大精深在漢語方言的複雜性上體現得淋漓盡致。漢語不同方言間的差異，甚至大過歐洲不同種語言間的差異。比如說，葡萄牙人和西班牙人各自用本國語言是可以彼此交流的，丹麥人、挪威人、瑞典人之間各自用本國語言交流也基本沒多大障礙，但我作為一個東北人，聽江西同事打電話給家裡，基本上就像聽外語一樣，完全聽不懂。好像最難懂的方言是溫州話，傳說抗戰時期，抗日武裝部隊都會用溫州人做情報員傳遞軍情，因為不怕被偷聽——聽也聽不懂。

按照現代通俗的分法，大陸的現代漢語可以整合劃分成為七大方言，即官話、粵語、吳語、客家語、閩語、湘語和贛語。每一種方言下面又可分為若干片區（大片區也稱次方言）。比如官話又分為北京官話、東北官話、冀魯官話、膠遼官話、江淮官話、中原官話、蘭銀官話和西南官話等八大片區。其中，北京官話就是普通話的藍本。同一方言的不同片區之間，差距有大有小。官話的不同片區間的差異就較小，互相之間是可以聽懂的。比如我是一個講東北官話的東北人，去大西北的陝西，能聽懂陝西話，因為陝西話屬於中原官話；我去大西南的四川，也能聽懂四川話，因為四川話屬於西南官話。官話之間，除了一些地方性的詞彙外，彼此間都能聽懂，但有的方言不同片區間的差異就非常大，差異最大的是閩語。比如說同屬於福建的福州和廈門都講閩語，可福州話屬於閩東片區，廈門話屬於閩南片區，彼此很難聽懂。

方言形成的原因是比較複雜的，比如原住民語言的影響、時間流逝導致的自身變化和地理環境的阻隔等，不過最重要的因素還是歷史上移民導致的語言分化與聚合。比如秦朝南伐百越，大量軍人、官員移民兩廣，促成了粵語的形成。再比如北方遊牧民族內遷，導致了北方官話語音的變化，所以每一種方言的形成都有它背後的歷史原因。

有湖北宜昌的朋友就跟我說過，他們在外地說話總被認為是四川人。四川話是西南官話的代表，西南官話是雲、貴、川、渝等地的方言，湖北也有一部分地區使用西南官話。為什麼湖北人要講四川話呢？其實大家弄反了，並不是湖北人講四川話，而是四川人講湖北話。今天的四川人大部分並不是古代巴蜀人的後代，而是湖北人的後代。明朝時就有大量湖北人移民四川，更大規模的移民則是發生在清朝初年。明末有個農民起義領袖叫張獻忠，據說他小時候隨父親在四川販棗，被當地人欺負過，所以對川人懷有深仇大恨。他起義造反後，就帶著軍隊從陝西進入了四川，開始大肆屠殺。岷江以北的四川人，被張獻忠殺了大半，十室九空，所以清初康熙年間，清廷將大量湖北、湖南民眾遷去四川充實人口。因為清初兩湖地區是湖廣省，所以歷史上又稱此次事件為「湖廣填四川」。當時的湖廣人講的是當地的江淮官話，移民到四川後就將江淮官話帶到了四川，慢慢融合成了今天的西南官話，因此不是湖北話像四川話，而是四川話像湖北話。

四川地處大西南，而官話主要是在北方，為何四川話也屬於官話呢？剛才說了，四川話來自於明朝的江淮官話，江淮官話的代表則是明朝初期首都所用的南京話。朱棣在靖難之役後，將明朝首都從南京遷到了北京，同時將南京話帶到了北京，慢慢形成了北方官話，所以四川話和北方官話的源頭之一都是明朝的南京話，二者都屬於官話，四川也成為南方少有的講官話的地區。只是經歷了數百年的演變，四川話和北方官話聽起來已有差異了，但兩地的人彼此聽懂是沒有問題的。

再比如說，有的南京朋友去雲南旅行，感覺雲南一些地方的方言和南京話很像，這又是為什麼呢？難道雲南官話也來自南京？還真是！雲南最早的原住民並不是漢族人，也不講漢語。雖然從戰國開始就有大量內地人移民雲南，但始終未撼動雲南原住民占大比例人口的地位。在語言上，新來的內地移民被當地人同化，慢慢也就不怎麼講漢語了。這種情況一直持續到明朝初年，朱元璋為了鞏固在雲南的統治，向雲南大量移民內地人口。移民來源主要有兩類：第一類是軍隊，明朝在雲南建立了很多衛、所，相當於軍事駐屯區，因此不少軍人和軍屬移民到了雲南；另外一類移民就是南京人，朱元璋定都南京後，對南京人不放心，認為他們「政治不合格」，就強行將大量南京人移民到雲南。今天很多雲南人的家譜上就會寫著，其祖上來自南京。明朝學者顧炎武就說：「初明太祖之下金陵也，患反側，盡遷其民于雲南。」明朝的移民政策改變了雲南的人口構成，來自內地的漢族移民開始成為雲南人口的主體。大家都是移民過來的，若各自用原來的方言彼此就沒法交流了，而南京話使用人數眾多，又有政治地位，所以大家就逐漸都用南京話了。到了清朝，又有許多四川和湖廣的移民進入雲南，新舊移民融合在一起，在南京話的基礎上慢慢形成了今天的雲南話。明朝的南京話，其地位就是那個時代的普通話，也是雲南話的源頭。所以，今天南京人聽雲南話會倍感親切，畢竟五百年前都是近親。

有的朋友會產生好奇：中國這麼多方言，古代又不能像今天這樣大力推廣普通話，那來自不同地區的人交流時豈不是得用翻譯？是的，的確有用翻譯的，特別是在對普通話一竅不通的閩語地區福建。文獻記載：清朝時有個叫朱潮遠的官員到福建辦理一個案子，堂審的時候身邊就得有翻譯在場，否則真聽不懂閩語。一國之內，不同地區的人得用翻譯才能聽懂對方說話，中華文化的確是太博大精深了！

32

古人如何取名字

一說到古人的名字，很多人都會懵，尤其是在《三國演義》裡，人物之間，一會兒稱其名，一會兒呼其字。古人的姓、氏、名、字、號都有什麼區別？稱呼的時候又該注意什麼呢？接下來我們就詳細講講。

今天我們說的姓氏，在古代其實是兩樣東西，一個是姓，一個是氏。最先有的是姓，《通鑒外紀》解釋說：「姓者，統其祖考之所出。」意思是說：姓是為了統一大家共同的祖宗而創立，實質上就是一個部落族群的族號。原始社會就已經有代表族號的姓了，一般取之於地名。早期人類都會住在河邊，所以多用江河名為姓。比如說黃帝姓姬，是因為住在姬水附近。炎帝姓姜，是因為住在姜水附近。

另外，原始社會早期是母系氏族社會，在當時的婚姻制度下，孩子只知道母親是誰，不知道父親是誰，因此最古老的姓裡面都帶有女字旁或女字底，上古八大姓「姬、姜、姒、嬴、妘、媯、姚、姞」皆是如此。姓代表一個人的血統，所以同姓的人是不能通婚的。

到了父系氏族社會後，生產力水準提高，人口迅速增加。這時，原始部落無法承載所有人口，有的人就從部落分出去獨立門戶。為了給子孫後代區別獨立出來的家門，就產生了氏。《通鑒外紀》解釋道：「氏者，別其子孫之所自分。」意思是說：氏是為了讓子孫後代有各自的區別而創立，實質上是一個支脈的徽號。那時能獨立門戶出去的，多是部落裡有實力的人物，所以有氏的，一般都是貴族，否則也不好意思給子孫後代起表家門的氏。平民和女人是沒有氏的，他們只有姓。我們可以這樣簡單理解：一個老祖宗的所有子孫都有一個共同的姓，哪個孫子發達了就出去自立家門，為了和窮親戚們「劃清界限」，可以再給自己創個氏。

先秦時的貴族男子，一般只稱氏而不稱姓，因為姓是一個血統共用的，高低人等都有，而氏更能體現其高貴身分。在《史記》中，司馬遷稱秦始皇為趙政，很少稱其嬴政，因為嬴是他的姓，而趙是他的氏。司馬遷的稱法，較符合當時的真實情況。嬴政為啥以趙為氏呢？因為秦始皇當年在趙國出生，故以趙為氏。

到了秦漢時期，基本沒人用姓了，所以姓與氏也不再區分了。今天我們說的姓氏，絕大多數情況僅是最初的氏，而並不含姓。

現代人說的名字，在古代也是兩樣東西，一個是名，一個是字，其區別在於「幼名冠字」。所謂「幼名」，意思是說名是幼年用的，一般是孩子出生三個月後，長輩給取名。所謂「冠字」，意思是說字是成年後才有的。冠在古代是成年的意思，古代男子二十歲行冠禮，民間也有十五歲行冠禮的，行了冠禮就代表這個人成年了。成年了就得取個供平輩和晚輩叫的稱號，這就是字。

古人都有名和字，一般來說，名和字的含義是相互呼應關聯的，或者說字的含義可以用來解釋名。比如諸葛亮，字孔明，亮和孔明意思接近。周瑜，字公瑾，瑜和瑾都是美玉。古人稱呼名和字是非常有講究的，除了長輩，別人都只稱你的字。《岳陽樓記》裡，范仲淹寫的是「滕子京謫守巴陵郡」，子京就是字，他的原名是宗亮。平輩之間直呼名字是非常無禮的行為，所以古人罵人時才會「指名道姓」。即便是君主或上級，也不會貿然稱臣下的名，除非是想表達不滿，但臣下自稱的時候，一般會用自己的名，表示恭敬和謙卑，因此諸葛亮在《出師表》中的第一句就是「臣亮言」，而不是「臣孔明言」，這就是自稱名以表示恭敬。

至於號，則是人的外號，大多是文人給自己取的雅號。「東坡居士」就是蘇軾的號，所以世人也稱其為蘇東坡。有時候號被使用習慣了，人們都忘記了他原有的名字，比如鄭板橋，板橋就是號，燮才是名，今人只知道鄭板橋，而不知鄭燮。人們通常根據自己居住地的特徵取自己的號，比如蘇軾號東坡居士，估計他家東面有山坡。陶淵明號五柳先生，因為他家門前有五棵柳樹。至於歐陽修號六一居士，並不是因為愛過大陸的六一兒童節，而是代表「藏書一萬卷，集錄三代以來金石遺文一千卷，有琴一張，有棋一局，而常置酒一壺」，再加上歐陽修本人，合為「六一」，是為「六一居士」。

33 古人如何計算年分

所謂紀年方法，是指人們計算年分的方法。古人很早就意識到日子不能稀裡糊塗過，特別是年分，要有先行後續的概念，以便我們「知遠近，較長短」，於是各種紀年方法就應運而生。紀年的關鍵，在於確定一個起始年分，然後累計。古代中國是紀年方法最豐富的國家，那麼都有哪些紀年方法呢？

比較早的是「王位紀年法」，即以君主即位那年為紀年起始，累計紀年，又叫君王即位年次紀年法。這種紀年方法多見於周朝，周王室以周王即位年次紀年，各諸侯國也用自己君主的即位年次紀年。比如《左傳》中的曹劌論戰篇，開頭第一句就是「十年春，齊師伐我」，這裡的「十年」指的是魯莊公十年。《左傳》是一部為《春秋》作注解的史書，而《春秋》是魯國的史書，所以《左傳》裡的紀年都是以魯國君主的即位年次紀年的。

中國歷史上最早有明確記載的紀年年分是「共和元年」，這就是一個王位紀年法。共和元年是西元前八四一年，那一年周厲王因統治無道被趕下了臺，共伯和攝政，代行天子事，於是那一年就紀年為「共和元年」。王位紀年法第一次被記載，居然是一個君主被趕下臺的年分，這實在頗具諷刺意味。從共和元年起，中國歷史的記載就從來沒有中斷過了，儘管紀年方法有很多種，但歷史一年接著一年地被記載下來，直到今天。近三千年的歷史記載，一年也未中斷，這是我們中華文明的驕傲！

古代最常用的紀年方法是「皇帝年號紀年法」。它與王位紀年法的區別在於：每個皇帝都有一個專門用於紀年的年號，以年號啟用那年為開始，累計紀年。這種紀年方法始於漢武帝建元元年，即西元前一四〇年。開始的時候，一個皇帝在位期間並非只有一個年號，用幾年可能就換一個年號，這叫「改元」。老皇帝死了，新皇帝即位，又會啟用新的年號，但這不叫「改元」，而叫「建元」。古代發生重大意義的事件時就會改元，以示紀念。比如漢武帝的「元狩」年號，是因為漢武帝在狩獵時獲得了一隻珍奇異獸，因此改元。衛青和霍去病北擊匈奴大獲全勝，這件事就發生在元狩四年，即西元前一一九年。

漢武帝在位五十五年，共使用了十一個年號，其年號數量在歷史上排第三。排第一的是女皇帝武則天，她在位二十一年，共使用了十八個年號。生活在武則天時代的人，真心不容易，有可能活著活著就忘記自己生活在哪一年。明清兩朝的皇帝，多是一人一個年號，所以後世多以年號稱呼皇帝，比如永樂皇帝、康熙皇帝等。年號的使用，還代表著正統與歸化。清朝康熙年間，江南文人編纂「明史」，書中有些地方不用清朝年號而用了明朝年號，康熙皇帝因此震怒，處決了七十多人。

年號紀年法對東亞文化圈內其他國家的影響也很大，古代的朝鮮、日本、越南也有自己的年號紀年。從唐朝開始，日本學習了中國的年號制度，至今沿用了一千多年，共使用了二四七個年號。本書出版的二〇一九年，也是日本天皇年號的平成三十一年。日本選年號多從中國古典文獻找出處，最愛用的是《尚書》和《周易》。就在王老師寫這本書期間，日本公布了即將即位的新天皇的年號「令和」，這個年號打破了一千多年來從中國古典文獻找出處的習慣，是第一個從日本古典文獻《萬葉集》找出來的年號。

今天我們中國仍在使用一種古代紀年法——「干支紀年法」。干支紀年法是利用「十天干」和「十二地支」的排列組合來排序紀年，又名「天干地支紀年」。相傳，天干和地支創立於黃帝時，最初用於祭祀與占卜。天干地支紀年使用的時候，先用第一個天干分別與十二個地支順次組合，然後再用第二個天干分別與十二個地支順次組合，以此類推排序紀年。天干有十個，地支有十二個，十與十二的最小公倍數是六十，所以每六十年天干地支就會輪迴一遍。因為每個輪迴中的第一個年分都是甲子年，所以古代又將六十年稱為一「甲子」。

1	2	3	4	5	6	7	8	9	10
甲	乙	丙	丁	戊	己	庚	辛	壬	癸

▲ 十天干

1	2	3	4	5	6	7	8	9	10	11	12
子	丑	寅	卯	辰	巳	午	未	申	酉	戌	亥

▲ 十二地支

古人在記錄歷史大事件時，有的會以年號命名，比如北宋范仲淹的慶曆新政，慶曆就是宋仁宗的年號。岳飛《滿江紅》裡寫的「靖康恥」，靖康就是北宋最後一個皇帝宋欽宗的年號。用年號紀年的好處是可以迅速知道大致時間段，但確定不了具體時間點，而干支紀年能夠確定時間點，所以很多大事件都以干支紀年命名。比如甲午戰爭，甲午年是一八九四年；戊戌變法，戊戌年是一八九八年，不過干支紀年六十年一輪迴，對於時間久遠的事，就可能會弄混，因此古人也會將年號紀年與干支紀年組合使用，年號在前，干支在後，這樣紀年就能更加準確無誤，比如《核舟記》中的「天啟壬戌秋日」就是這種組合紀年法。

古代其實還有一種「大事件紀年法」，以大人物出生的年分或大事件發生的年份為紀年起始，比如黃帝紀年，即以黃帝創制曆法那年為紀年元年。辛亥革命時，就曾以西元前二六九八年為黃帝紀年元年，使用了一段時間的黃帝紀年，隨後被西元紀年取代。民國時期還用過民國紀年，就是以民國建立那年為元年，這也屬大事件紀年法的一種。今天的臺灣依然使用民國紀年，與西元紀年並用。

因為這個紀年方法的問題，王老師還鬧過一個笑話。當年讀大學時，我接待過一個臺灣大學生夏令營。接待時發現其中有一美女，遂暗中觀察，發現她佩戴的名牌上寫著出生年分為「七十六年」，我以為是一九七六年，當時就懵了——難道她是老師？一問才知道，此「七十六年」為臺灣的「民國七十六年」，也就是一九八七年。

紀年方法的演變，體現了歷史與文化的變遷，也體現著文明的傳承。然而，近年聽說有人提議要恢復中國傳統紀年方法，更有甚者主張停用西元紀年，美其名曰是為了弘揚傳統文化，增強文化自信，但我覺得這種形式主義要不得。已經進入歷史的東西，我們尊敬與研究是對的，真要把作古的東西從歷史塵埃裡扒拉出來接著用，那就有點譁眾取寵了。

34 元旦與陰曆、陽曆的起源

「元」，意為開始、第一。「旦」，意為早晨。元旦，就是新年第一天的意思。元旦作為節日，在中國有三千多年的歷史了，只是最初不叫元旦，而叫元正、元日、元辰等。「元旦」第一次出現是在唐朝，但古代的元旦和今天的元旦並不是同一天，因為古代的曆法與今天不同。

中國古代使用農曆，今天一般也稱為陰曆。這種稱法並不嚴謹，確切地說，農曆不是陰曆，而是「陰陽曆」。陰曆是以月亮繞地球的運行週期為基礎制定的曆法。月亮一個陰晴圓缺週期是一個月，又叫朔望月。一個朔望月的精確時間為二十九日十二小時四十四分二點八秒。陰曆將十二個朔望月定為一年，所以陰曆一年是三百五十四天多一點。陽曆則是以地球繞太陽的運行週期為基礎制定的曆法，因此又叫太陽曆。地球公轉一周即一個春夏秋冬輪迴是一年，又叫一個回歸年。一個回歸年的精確時間為三六五天六時九分十秒。陽曆將一年劃分成十二個月，大月三十一天，小月三十天，二月二十八天。

簡單說，陰曆以月亮為參照，先有月，後有年；陽曆以太陽為參照，先有年，後有月。用陰曆可以看月亮的陰晴圓缺，用陽曆可以看季節的春夏秋冬。早期人類文明大多採用陰曆，比如古埃及、古巴比倫、古印度、古希臘、古羅馬。因為月亮比較容易觀測，三十天左右就能觀測一個輪迴。不像太陽，三百六十五天才能觀測一個輪迴。心疼古代那些陽曆的制定者，一年不用幹別的，就觀測太陽了。

中國古代最初也用陰曆。但陰曆有一個問題：十二個朔望月是三百五十四天，比一個回歸年的三百六十五天少了十一天。這樣的話，每過一個陰曆年，時間就會提前十一天。月分就會越來越提前，和季節對應不上。不過這難不倒聰明的中國古人，他們將陰曆與陽曆相結合——用朔望月來確定月，也用回歸年確定年，兩者差的天數通過設置閏月的方式補齊。比如說我們用農曆時會出現「閏四月」的情況，就是過完了四月又再過一個閏四月。這個臨時加入的閏四月，就是為了湊齊陰曆與陽曆差的天數。

中國古代的各種傳統曆法都屬於農曆的範疇，其原理基本一致。但是，古代我們並不稱這些曆法為農曆。直到二十世紀六十年代，「農曆」的名稱才出現，因其歷史上長期指導農業生產而得名。農曆結合了陰曆和陽曆的優點，實際上是一種陰陽合曆。歷朝歷代有很多版本的農曆，現行農曆是沿用了清朝的《西洋新法曆書》，它是四百多年前的歐洲耶穌會傳教士湯若望和中國天主教徒合力編撰的。

中國古代的元旦就是按照農曆確定的，農曆新年第一天為元旦。秦朝時的農曆，以十月定為一年首月，所以十月初一是元旦。漢武帝時，使用新的農曆，將正月定為首月，正月初一就是元旦。此後的二千年，我們的元旦實際上就是農曆的大年初一。

一九一二年中華民國建立後改用西曆，西曆一月一日成為元旦，沿用至今。西曆是西方曆法，由羅馬教皇於一五八二年頒行，所以又叫西曆或西元。西曆是陽曆的一種，紀年方式上以耶穌誕生那年為元年，累計計算。耶穌誕生前就是西元前。今年是二〇一九年，就是耶穌誕生後的第二〇一九年。

因為西曆是西方曆法，所以西曆與中國傳統的生肖不連結。有的朋友今年元旦發祝福說豬年快樂，那真是日子過糊塗了。習慣上，我們把農曆的大年初一看作生肖年的開始，但是嚴格從曆法的角度講，生肖應該與天干地支的二十四節氣連結，立春才是一個生肖年的正確開始。

35

古人如何看時間

前兩篇講了古人計算年分的紀年法和年月日的曆法。那在一天之中，古人又是如何看時間的呢？

在鐘錶還沒有普及前，古人是通過鐘鼓樓來知曉時間的。早在漢朝，中國就有了鐘鼓樓報時制度。早期的鐘鼓樓設在皇宮內，只為皇家服務。唐朝的鐘鼓樓，早晨敲鐘報時，晚上敲鼓報時，「晨鐘暮鼓」的說法就是這麼來的。

唐朝長安城實行夜禁制度，晚上不許出來瞎逛了，所以主要街道上都設立了街鼓，跟隨著鐘鼓樓報時，以便全城都能知道夜禁的開始。暮鼓敲完，所有人都不許出來上主街了，否則就會挨揍，因此如果你穿越回唐朝，一定要趕在白天，否則你小命不保。這不是危言聳聽，唐朝真的有因為喝醉酒犯夜禁而被杖殺的例子。

如果穿越回了宋朝，就不用擔心了，因為宋朝沒有夜禁。宋代的城市生活空前繁榮，宋人多是夜貓子。夜貓子們夜晚也需要知道春宵幾何，所以晚上也得報時。宋代夜晚負責報時工作的，一般是寺院的僧人，他們拿著鐵牌子或木魚沿街報時。古人將夜晚分為五更，每更一報時，所以報時又叫「打更」。這些僧人在天亮時還要兼職天氣預報員，順便報一下當天的天氣，非常貼心。

元明清三朝，不光都城設立鐘鼓樓，其他大城市也有鐘鼓樓。今天西安的鐘鼓樓，很多人以為是盛唐時留下的，其實那是明朝時建造的。

那鐘鼓樓又是如何測算出時間的呢？古人最早通過觀測太陽來測時的，三千多年前的周朝發明了測時儀器「日晷」，利用太陽照出影子的長短和方向來測算時間。古人把時間稱為光陰，所謂一寸光陰原意就是日晷上一寸影子的意思。日晷把一晝夜劃分為十二個時辰，一個時辰是兩小時。日晷最小的刻度合今天十五分鐘，所以古人管十五分鐘叫一刻或一刻鐘。在古代，一天是十二個時辰，一個時辰是八刻鐘。

日晷在陰天和晚上就沒用了，所以古人又發明了不受天氣影響的計時器——漏刻。漏刻是往銅壺裡裝入一定量的水，讓它慢慢漏出，

▲ 日晷

子時	丑時	寅時	卯時	辰時	巳時
23:00-00:59	01:00-02:59	03:00-04:59	05:00-06:59	07:00-08:59	09:00-10:59
午時	未時	申時	酉時	戌時	亥時
11:00-12:59	13:00-14:59	15:00-16:59	17:00-18:59	19:00-20:59	21:00-22:59

▲ 二十四小時和十二時辰對照表

通過漏出水的量來確定時間，又叫「銅壺滴漏」。早期的漏刻有一個嚴重缺陷，由於水位高低不同導致的壓力差，會出現「水位高時漏得快，水位低時漏得慢」的現象，這樣計算的時間就會有較大誤差。到了東漢，科學家張衡改進了漏刻，將其設計成二級漏壺，即增加一個漏壺，讓水的高度變小，流得更勻速，減小了時間計算的誤差。後世沿用了這種方法，在宋元時期還出現了更為精確的四級漏壺。

古代還有種更簡便的計時工具——燃香，所謂「一炷香的功夫」就是這麼來的。古代有專門用來計時的燃香，稱為「更香」，更的原意即時間的刻度。更香用燃燒速度均勻的木料製成，有的更香上還嵌有金屬珠，燃燒到固定時間時金屬珠會掉落，用以提醒時間。宋代時，這種更香隨著宋代的商船遠行海外，其準確程度讓外國人嘆為觀止。李約瑟在《中國科學技術史》中評價更香說：「吾人從未見其有大差誤，此發明可代自鳴鐘。」的確，在那個西洋鐘錶價值連城的年月裡，更香的價格的確更親民，更接地氣。明朝時，一盤更香只需三文錢，可用一晝夜。

燃香計時是佛教傳入中國後才有的，還有很多時間量詞也與佛教有關。比如一彈指，合今天七點二秒；還有一瞬，合零點三六秒；最快的是一念，合今天零點零一八秒。「就在這一瞬間，才發現，失去了你的容顏」——零點三六秒就會失去，的確是太快了。

明朝中葉後，西洋鐘錶作為禮物和商品進入中國。一六〇一年，義大利傳教士利瑪竇將自鳴鐘送給萬曆皇帝，鐘錶進入中國古代宮廷。到了清朝，上層貴族和官方已經普遍使用鐘錶作為計時工具了。

▲ 銅壺滴漏（中國國家博物館收藏）

36 中秋節與月餅的起源

中秋節與春節、清明節、端午節並稱為中國四大傳統節日。在這四大節日中，中秋節形成的時間最晚，直到宋代才普及，並且其形成過程可能還受到了外國的影響。這是怎麼回事呢？

早在先秦時期，中國就有「中秋」的說法了。但那時候的中秋並非節日，而只是指時間，即「中秋八月」。儘管那時候有中秋賞月、玩月、拜月等民俗活動，但並未成為節日。唐朝時，文人墨客喜歡在八月十五賞月吟詩，因為這一天的月亮格外圓又亮。至於中秋節成為節日的起源，至今眾說紛紜。一種流傳比較廣的說法，中秋節的形成可能受到了新羅國的影響。

唐朝境內有很多新羅留學生和僑民，他們在八月十五有節慶的傳統，以紀念歷史上這一天曾取得過對外戰爭的勝利。唐朝時，日本僧人圓仁來唐求法，在中國生活了近十年，在他所著的《入唐求法巡禮行記》一書中，明確地寫道「作八月十五日之節，斯節諸國未有，唯新羅國獨有此節。」據此，我們可以做一個比較合理的推測：受到新羅人的影響，包容開放的唐朝文化將賞月傳統和新羅的節慶相結合，進而形成了八月十五過節的傳統。唐朝文化上的偉大，不僅體現在影響了周邊國家，也體現在吸收了許多外來文化。

中秋節的形成，可能受到了新羅的影響，但其風俗習慣與新羅迥異。中秋節在宋朝普及，成為了中國的傳統節日。實際上，中、日、韓在古代同屬於中華文化圈，文化的影響是相互的。很多韓國節日都源自中國，古代中國的風俗文化也難免受到周邊的影響。比如韓國現在已將端午節向聯合國教科文組織申請為「非物質文化遺產」的候選對象，但他們也在申請文本的開篇申明：端午節原本是中國的節日，傳到韓國已經有一千五百多年了。韓國長期受到中華文化的影響，並以中華文化為正統，這恰恰說明了古代中國文化的影響力很大。

後來，中國人有了中秋節吃月餅的習慣。至於為何要在中秋節吃月餅，說法眾多，在此給大家介紹一個比較流行的說法。相傳元朝末年，民眾不滿當朝的統治，紛紛起義。朱元璋的軍師劉伯溫建議，在八月十五中秋這一天號召民眾起事，通知的辦法就是挨家挨戶贈送圓餅子，稱之為月餅。餅裡面都塞了紙條，寫著「八月十五殺韃子」。韃子指的就是以蒙古族人為首的當朝統治者，反元起義就這樣開始了。月餅就是這樣起源的。可是經學者考證，「月餅」最晚在南宋就已出現，與殺韃子沒有關係，這只是個傳說。

37 「七尺男兒」到底多高

在古代文學作品或者歷史劇中，形容古代男子身高時常會說「堂堂七尺男兒」。今天的一尺約等於三十三公分，算下來「七尺男兒」身高得兩百三十公分。還有更誇張的，史書記載項羽身高八尺，合今天兩百六十公分。呂布身高九尺，合今天三百公分。最恐怖的是孔子，史書記載其身高是九尺六寸。如果真是這樣，孔子恐怕是巨人症了。

難道古人真的那麼高？難道是現代人越活越矮了？想想也不太可能——在影響身高的後天因素中，最重要的是飲食營養，而現代的生活條件比古代好太多了，身高怎麼會「今不如昔」？

其實古代的「七尺男兒」並沒有那麼高，問題出在了古代一尺的長度和今天是不一樣的。中國古代的長度標準在歷朝歷代都有變化。根據學者考證：秦代一尺是二十三點一公分，漢代一尺是二十三公分至二十三點六公分，隋唐一尺在三十公分左右，宋代的一尺才超過三十公分。

這樣算下來，項羽的身高應該是一百八十五公分，算是比較高的，這樣的身高在今天也不少。呂布的身高是兩百公分出頭，這確實非常高了，但跟姚明比還遜色一些。再來算算有「巨人症」的孔子的身高，現代出土的春秋時魯國尺，一尺大約二十點五公分，那麼孔子的身高應該是一百九十六公分。這麼看，孔子的確是一個高大帥氣的老師。今天很多地方都有孔子的雕塑，有的孔子像被塑得很高，這的確比較符合歷史事實。

「七尺男兒」的形象至少在戰國時代就有了。《荀子》勸學篇就說：「口耳之間，則四寸耳，偈足以美七尺之軀哉？」如果按照與戰國相近的秦尺標準計算，七尺男兒身高也就是一百六十公分多一些。今天的墓葬考古也證明了這一身高。根據秦漢時期的墓葬考古，當時的男性平均身高是一百六十八公分，女性平均身高是一百五十二公分，看來和我們的推測比較吻合。

現在中國的「七尺男兒」有多高呢？二〇一五年中國國務院新聞辦發佈的《中國居民營養與慢性病狀況報告》顯示：中國成年男性平均身高一百六十七點一公分，女性一百五十五點八公分。怎麼過了兩千年，中國人沒長高啊？

首先，現在的成年人平均身高統計時是包括老年人的。這些老年人大部分是在一九四九年前後出生的，經過了大饑荒和物資匱乏的年代，小時候吃的不好，營養跟不上，影響了身高，拉低了當今的平均身高。另外，全國平均身高不具有全國普遍性，中國人身高還存在南北方的地域差異。平均身高比較高的東北人、山東人要比平均身高比較低的四川人重慶人高出七八公分。另外，前面提到的考古測量出平均身高一百六十八公分，是古代西北人的情況。而今日西北人普遍較高。陝西的平均身高能達到一百七十二公分左右，比兩千多年前還是高了一些的。

有的人會拿兵馬俑的身高質疑我的說法。的確，參觀兵馬俑博物館時解說都會誇耀兵馬俑身高都是一百八十五公分以上，在兵馬俑坑裡看起來也的確很高。但是，兵馬俑都是帶底座的，底座有十多公分高。除去底座淨量的話，兵馬俑的實際身高多在一百七十公分至一百八十一點五公分之間。這個身高比前面計算出的一百六十公分高了許多，因為兵馬俑的原型是軍人，而且還是皇帝身邊的禁衛軍，當然要選大高個兒了。因此，兵馬俑的身高是不能代表當時的普遍情況的。

所以你要自信，只要有一百七十公分的身高，回到古代至少能是個七尺半男兒！

38 「學富五車」到底有多厲害

古人常用成語「學富五車」來形容一個人學問淵博。這個成語源自《莊子》一書，說的是戰國時的政治家惠施的故事。《莊子》的原文是：「惠施多方，其書五車。」很多人將這句話理解為他讀過五車書，的確很厲害。那古代的五車書到底有多少呢？今天咱們就來算算。

「學富五車」中的五車書，和我們今天的書是不一樣的。今天的書是紙版書，是東漢之後才有的。儘管東漢的蔡倫改進了造紙術，但東漢並未普及紙版書。直到魏晉時期，因為佛教的傳播需要大量佛經，廉價方便的紙版書才普及開來。那在「學富五車」的先秦時期，書是用什麼材料寫的呢？答案是簡牘。

簡和牘是兩樣東西，區別主要體現在寬度上。簡細長，牘則更寬。在製作材料上，兩者大體都用竹或木。一般簡多用竹，牘多用木，所以又稱「竹簡」和「木牘」。

竹簡在商朝就出現了，後來在戰國時期被廣泛使用，一直用到漢朝。竹簡的製作方法很複雜，首先得選用上等的青竹裁切成適合的大小和長度。竹簡的寬度在零點五公分到一公分之間，長度則根據書寫內容而固定。如寫詔書律令的竹簡長三尺（約六十七點五公分），抄寫經書的長二尺四寸（約五十六公分）。民間寫書信的竹簡一般長一尺左右（約二十三公分），字數少的書信用一塊木牘就夠了，也是一尺長，因此古代又稱信件為「尺牘」。

裁切後的竹片要拿到火上烤，一方面是為了減輕竹簡的重量，還有一方面是為了乾燥後防黴防蛀。烘烤之時，本來新鮮濕潤的青竹片，被烤得冒出水珠來，就像出汗一樣，所以這道程式叫「汗青」，也稱「殺青」。今天電影拍攝完成時也稱「殺青」，這種叫法就是源於竹簡的製作工序。殺青後，就可以在竹片上寫字了。如果寫字時寫錯了，就用小刀將錯字刮掉後重寫，以避免一整片竹簡的廢棄。這種刮錯字用的刀叫「書刀」，是古代文人常用的文化用品。竹片寫完了，再在竹片上打孔穿繩，將若干片竹簡連接在一起，這就是一冊竹簡了。

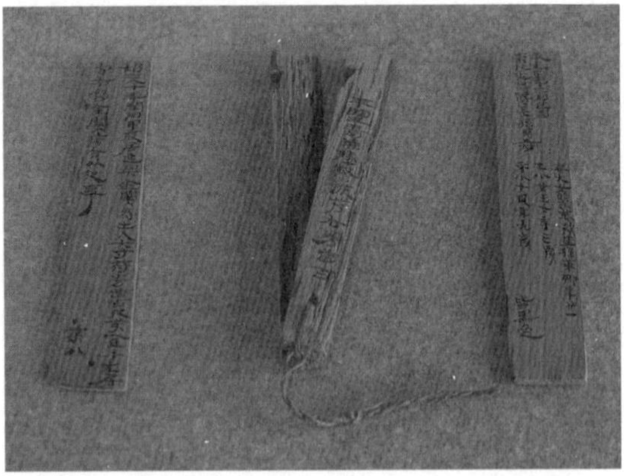

▲ 木牘（長沙簡牘博物館收藏）

牘大多用木片製成，漢代多以胡楊和紅柳作為原材料。牘比簡寬許多，能達到六公分左右，個別的達十五公分以上。單片牘比單片簡能承載更多的文字量，因此牘多單片使用，不用聯結成冊。牘呈長方形，故又叫做「方」或「版」。牘也用來畫地圖，這就是後世將國家疆域稱為「版圖」的由來。

「學富五車」時代的書是竹簡，其重量和今天的紙版書不可同日而語。《漢書》記載：漢武帝時，有個叫東方朔的人，博覽群書，給漢武帝寫自薦信，用了三千片竹簡，需要兩個人抬著才能運到宮殿。一片竹簡能寫三十多個字，三千片竹簡就是十萬字左右，與你正在讀的這本書字數相當，這就足以看出竹簡之重。

那五車竹簡有多重呢？臺灣歷史學者邢義田先生曾考證過，東方朔上書用的竹簡重量可達十二公斤多。我們計算一下，三千片竹簡能寫十萬字左右，能達到十二公斤多，平均算下來每公斤竹簡有八千字。古代馬車的載重量一般可達兩百公斤，五車竹簡就是一千公斤，算下來大概有八百萬字。

八百萬字是什麼概念呢？以大陸人民出版社版本的四大名著為例，《紅樓夢》約一百零七點五萬字，《三國演義》約七十二點六萬字，《水滸傳》約九十二點五萬字，《西遊記》約八十三萬字，加起來大約三百五十五萬字。「學富五車」的讀書量，大概就是四大名著總字數的兩倍。這個水準，今天的中學生基本就能達到。

然而我們是否可以藐視古人而自稱「學富十車」呢？恐怕不可以。首先，古代的文章用文言體，其資訊量遠遠多於白話文。其次，古人讀的都是學術著作，四大名著那是白話小說，難度上也不在一個水準。另外，「學富五車」這一成語的本意不是「讀」了五車書，而是有五車書的著作，是「寫」了五車書的意思。以王老師目前日夜趕稿的速度，穿越回古代，也只能算是「學富五筐」。

39 古代如何審案

本篇我們以清朝著名的楊乃武與小白菜案為例，講講古代審案的那些事。

楊乃武與小白菜案是晚清四大奇案之一，發生在同治年間。主人公楊乃武生活在浙江省餘杭縣，舉人出身，家庭富裕。楊乃武家有空閒房子，出租了一間給小白菜（本名畢秀姑）及其丈夫居住。這樣兩家就成了鄰居，關係相處得也還不錯，空閒時候楊乃武還教小白菜寫字。楊乃武比小白菜大十五歲，也沒啥太多的想法，但是鄰居看見兩人總在一起出雙入對，就開始議論紛紛。古往今來，人們就愛八卦男女之間的事，沒有「事」的都會傳出「事」來。後來，小白菜和丈夫受不了流言蜚語，就搬家了。可是搬家沒多久，小白菜的丈夫就病死了。由於屍體鼻口流血，小白菜的婆婆就認為是小白菜毒死了自己的兒子，將小白菜告到了縣衙，司法程序正式開始。

今天司法審判歸法院負責，古代則不同，很多官員都有權審案。清朝時，縣是最基層的行政單位。縣裡最高的審判長官是知縣，就是我們俗稱的「縣太爺」，其「掌一縣治理，決訟斷辟」。拿到今天，就相當於縣長管審案。知縣的斷案能力是良莠不齊的，楊乃武與小白菜案趕上個年過七旬的知縣叫劉錫彤，估計已經老糊塗了。劉知縣接到報案後帶著仵作就去驗屍了。仵作相當於今天的法醫，仵作驗屍時都會參照宋朝人宋慈寫的一本名為《洗冤錄》的書，這可是古代法醫界的《聖經》。《洗冤錄》中，關於砒霜中毒的情況有專門的檢驗方法：「用銀針，刺死者的喉嚨，如果拿出來以後銀針變暗，就有可能是砒霜中毒致死。」仵作照此做了，發現銀針的確變黑了，便斷定小白菜的丈夫中毒。然而在宋慈的《洗冤錄》中還有後續的確認程序：「用銀針探喉以後，還需要用皂角水將銀針洗一下，如果黑色能被洗掉，銀針重新恢復光澤，那就不是真中毒。」這一驗證標準叫做「青黑不去」。一心想定案的劉知縣和仵作沒有進行後續驗證，因為劉知縣之前也聽傳聞說過楊乃武與小白菜有「姦情」，潛意識裡就認定是楊乃武和小白菜合謀殺死了小白菜親夫，驗屍時就沒有太認真。

接下來就是堂審。為了獲得認罪口供，劉知縣對小白菜用了刑。古代刑事審判主要有三種方法：口供、五聽和刑訊。「口供」就是讓你自己敘述罪行，在古代審判中的地位最為重要。在嫌疑人陳述口供時，審案者還要進行「五聽」，就是根據你的言辭、面色、氣息、聽覺、眼神來判斷你是否撒謊。這個有點類似今天的測謊，儘管有一定的參考價值，但用來作最終判斷則是很不科學的。如果前兩招用了，對方還不肯認罪，那只能放大招了，就是刑訊逼供。在古代，刑訊逼供是合法的，卻也有一定的使用限制。唐朝時曾規定，刑訊不得超過三次，打的次數不得超過兩百下。如果達到了法定的刑訊次數嫌疑人仍不肯招認，就認為這個人可能真的是被冤枉了，嫌疑人便可以取保。劉知縣庭審時對小白菜用了刑，可沒對楊乃武用刑。因為楊乃武是舉人，按照法律，有功名在身的人是不可以用刑的。

我們看電視劇裡古代的審案現場，官員在下令用刑時都會從案子上的籤筒中取出一根籤扔在地上。明清審案時，主審官的公案上有四個籤筒，籤分別寫有「執、法、嚴、明」四個字加以區別。「執」字筒內放的是捉人的籤子，相當於現在的逮捕令。其他三個筒分別放著白、黑、紅三種顏色的籤子，白籤每籤打一板，黑籤每籤打五板，紅籤每籤打十板。這種扔籤下令的傳統，體現的是古代司法「刑以兵威」的精神。主審官以堂籤下令，和戰場上將軍以令箭、權杖發號施令是一個意思。扔令籤的時候一定要擲地有聲，目的是嚇唬嫌疑人。不僅扔令籤要聲音大，使用刑具時還要往地上用力摔，必須啪啪作響，希望這樣能把嫌疑人嚇住，直接招供認罪是最好的。

小白菜受不了刑訊逼供，最後就違心承認了自己與楊乃武通姦並毒殺了自己的丈夫。古代這種靠刑訊逼供搞出的冤假錯案數不勝數。儘管楊乃武拒不承認，但劉知縣依然是草草結案，並把案件上報給其上級長官杭州知府。知府相當於今天的市長，掌握一個府的最高審判權。當時的杭州知府是陳魯，陳知府接案後對該案進行了「複審」，複審相當於今天的二審。複審時，楊乃武的舉人功名已經被朝廷革除，這樣就可以大大方方對其用刑了。一番刑訊逼供後，楊乃武也承認了自己並不存在的罪行。最終，楊乃武被判斬立決，小白菜被判凌遲處死。在古代，女子通姦並謀殺親夫是非常嚴重的犯罪行為，很多都會被凌遲處死。越是保守落後的時代，對通姦這種事處罰就越嚴重，畢竟太「傷風敗俗」了。楊乃武和小白菜複審也都被判了死刑，那他們會像電視劇裡演的那樣，判決後就直接拉出去行刑嗎？沒有那麼草率，死刑還需要秋審通過後才能行刑。

清朝的秋審有兩個環節：一個是地方秋審，相當於今天高等法院終審判決；另一個是中央秋審，相當於今天的最高法院的死刑覆核。地方秋審時，判處死刑的案件要上報省裡，省督撫會同布政使、按察使進行複審，審判結果為終審判決。地方秋審結果可能有四種，分別為「實、緩、矜、留」。意思分別是：案情屬實，量刑合理，維持死刑；案情屬實，量刑過重，減刑不殺；案情存疑，發回重審；案情屬實，量刑合理，但嫌疑人為家中唯一男丁且父母尚在，免去死罪。這最後一種情形叫做「留養承祀」，現實操作中一般不用。

地方秋審後仍然維持死刑判決的，要報送到朝廷進行中央秋審。中央秋審時，先是由刑部和內閣大學士等高官會審，擬定出意見，最後交由皇帝親自裁決。皇帝認為可以執行死刑的就批准，這一最終裁決叫做「勾決」。勾決之後的犯人很快就會被執行死刑了。清朝的中央秋審一般在農曆八月，時值秋季，所以隨後的執行死刑又叫「秋後問斬」。從漢代開始，中國就有秋冬季執行死刑的規定。古人認為凡事都該順應天時，秋冬是萬物肅殺的季節，因此是執行死刑的「好日子」。

咱們繼續說回楊乃武與小白菜，二人在複審死刑後，一隻腳就已經邁進了鬼門關，然而就在等待秋審的過程中，楊乃武的家人進京告了御狀，相當於今天的進京上訪。我們看電視劇裡的告御狀大部分都是告到皇帝或者宰相那裡，但在現實中不太可能，哪有那麼容易讓你見到皇帝或宰相？一般告御狀都是告到都察院、刑部或步兵統領衙門（俗稱九門提督），楊乃武的家人將御狀告到了都察院。

此時，上海的《申報》連續報導了楊乃武與小白菜案，就像上了今天的微博熱搜一樣，引發了輿論的高度關注。這也驚動了兩宮太后，那時候掌握國家實權的是慈禧太后。在慈禧太后的直接干預下，此案最後交由刑部重審，刑部尚書桑春榮親審此案，相當於今天的最高法院院長親自掛帥審案。重審時，開棺重新驗屍，一位在刑部任職六十年的資深老仵作參照《洗冤錄》的驗屍方法，證實小白菜的丈夫並非中毒身亡，而是得病而死。最終，楊乃武和小白菜得以平反昭雪。慈禧當時也想藉這個案子整頓一下浙江官場，就要求嚴格追責所有涉案的瀆職官員：劉知縣被發配黑龍江，其他三十多名官員也都被革職、充軍或查辦。

通過對楊乃武與小白菜案的考察，你應該對中國古代的司法體系有了初步的了解。如果穿越回去，遇到了昏官，也要學會用法律武器捍衛自己的權利，記住：告御狀要去都察院！

40 古代犯人流放到哪裡

流放是很古老的一種刑罰，先秦時代就已有之。那時候最著名的流放，是商朝權臣伊尹把國君太甲給流放了，讓其閉門思過，史上稱「伊尹放太甲」。流放最初只是針對權貴階層的，被流放的大部分是政治犯，後來才開始針對普通民眾。到了唐朝，流放成為「笞、杖、徒、流、死」五刑之一，一直沿用到清朝。

在古代，流放是很重的罪，僅次於死刑。今天的人可能不理解，以為流放沒什麼可怕的，不過是換個地方生活。古代可並不是這樣，安土重遷的古人，即使到朝廷當了大官，退休後都要回到原籍養老，對背井離鄉是非常不能接受的。而且古代流放地點的選擇，是罪行越重流放越遠，一般都是流放到偏遠落後的苦寒之地或煙瘴暑熱的偏僻海島。流放地經濟落後，醫療匱乏，環境惡劣，生存條件非常差。趕往流放地的路途艱難又坎坷，很多人在路上就病死了。重刑犯到了流放地，要麼做苦役，要麼充軍。罪行輕一點的，或被貶官的政治犯，到了流放地可以自由生活，但也極其艱辛。

古代的流放地主要有哪些呢？下面就來介紹幾個古代的流放「聖地」。

房陵，現為湖北十堰市所轄地區。被流放到這個地方的，大多數是權貴階層。比如秦滅趙時就曾把趙王流放到這裡，漢朝時犯罪的皇親國戚也被流放到這裡，唐中宗李顯也被母親武則天流放到這裡。歷史上房陵被流放的君主就有十六位，顯貴更是不計其數。

嶺南，就是今天的兩廣和海南。別看這個地方現在經濟發達，在古代可是落後的「蠻荒之地」。韓愈當時就被流放到嶺南的潮州，一到潮州就被當地的食物給嚇懵了——天啊，這吃的都是什麼妖魔鬼怪？不行，我要回去！然後他就寫了悔過書給皇帝，不久就被皇帝特赦回去了。其實嚇懵韓愈的菜就是生蠔，今天是美味佳餚，但在韓愈那個時代卻是大多數人未見過的怪物。宋朝有祖訓「不殺文臣士大夫」，所以犯罪的文官大多都流放了，他們的主要流放地是嶺南的海南島，蘇軾就是其中的代表。海南有個流放「聖地」叫崖州，就在今天三亞市的崖州區，距離三亞市區四五十公里，是三亞的「源頭」。我去三亞的時候還特意去了趟崖州古城，感受一下古人的「流放」。今天三亞可是國人趨之若鶩的旅遊勝地，但在古代卻是犯人的流放地。不知道古代被流放到這裡的文人會不會感到「面朝大海，春暖花開」？

東北在明清時叫滿洲。清朝政府比較喜歡將犯人流放到滿洲，因為這裡是滿族人的「龍興之地」，屬於軍事禁區，比較安全。另外，滿洲人煙稀少，想跑都跑不了。東北最有名的流放「聖地」莫過於今天黑龍江海林和寧安一帶的寧古塔了。看清宮戲，經常會聽到官員犯罪了被判「流放寧古塔」與「披甲人為奴」。如果再加一句「永世不得入關」，那基本上就等於判死刑了。那地方冬天太冷了，另外，給「披甲人為奴」就是給當地的軍人做奴僕，天天做苦役，可能兩三年就被折磨死了。還有很多人在去寧古塔的路上就已經死了，清代文人中就流傳說：人說黃泉路，若到了寧古塔，便有十個黃泉也不怕了。

古代流放到四川、貴州、新疆、蒙古、河北滄州的犯人也不少，去的都是偏遠落後之地。很多人會疑惑：被流放的犯人為啥不逃跑呢？一是跑不出去，流放地偏遠，周圍杳無人煙，跑的路上都有可能被餓死。另外，重刑犯流放前還會在臉上刺字，跑到哪兒都會被認出來。一般左臉刺罪名，右臉刺流放地名。最倒楣的是清朝，要刺滿漢兩種文字，那畫面，想想都臉疼。如果流放地的名字比較長，那就悲劇了，比如說流放到內蒙古科爾沁左翼後旗，有沒有感覺到「臉疼」？

情感篇

古人談戀愛，不在七夕節

久住
王員外家

41 中國古代的情人節是哪一天

大陸改革開放後，隨著中國重新融入多元世界，很多西方節日又回到了中國，並受到廣大年輕人的追捧，最具代表性的是聖誕節和情人節，但一些傳統文化的衛道士卻在極力鼓吹中國人應該過中國的傳統情人節「七夕」。王老師聽了哭笑不得，因為七夕壓根兒就不是中國古代的情人節。

至少在漢代，七夕節就已經出現了，至今起碼有兩千年了。那古人是怎麼過七夕節的呢？現存文獻中，最早關於七夕的記載見於東晉葛洪的《西京雜記》，記錄了漢朝怎麼過七夕：「漢彩女常以七月七日穿七孔針于開襟樓，人俱習之。」意思是說：漢朝的宮女常常在農曆七月初七這一天，在縫衣製裳的宮樓裡比賽穿針引線，民間也紛紛效仿。因此，最初的七夕跟男女歡情沒有任何關係，只是女子們比拚、學習女紅技能的日子。這種風俗叫做「乞巧」，即乞求心靈手巧。它的起源跟織女的傳說有關。民間傳說中，織女最初是織布的，所以三國時就有女子拜織女星祈求心靈手巧的乞巧風俗。而傳說中的織女又是和牛郎相伴的，於是人們便認為七夕這一天牛郎和織女會在鵲橋相會，但這個傳說僅限牛郎織女之間的愛情，與民間的男歡女愛並無關係。

隨著時間的推移，歷代的七夕也許增加了新的內容，但始終不變的是女性乞巧，而且也從來不是女子和男子約會的節日。另外，古代的七夕節，僅限於未婚女性過節，未婚女子可以穿上漂亮的衣服，和小姊妹們聚會，互相切磋女紅技巧，聚餐玩耍，因此七夕並不是古代的情人節，而更像古代的「婦女節」或者說是「女光棍節」。

▲ 古代的七夕節（出自《漢宮乞巧圖》）

▲ 上元節觀燈（出自李嵩《觀燈圖》）

其實大家想想也能明白，在三綱五常等儒家觀念影響下的古代社會，女子出門並不是那麼隨意，特別是未婚女性。所以不大可能在七夕這一天和情人約會。那中國古代真的就那麼死板，沒有類似情人節的節日嗎？也不是，要說類似的情人節，還是有的，那就是元宵節。

元宵節在中國的歷史也非常悠久，至少在東漢末年就有了，也存在大約兩千年了。那時的元宵節被稱為上元節，是非常重要的節日。每到這一天，大城市都會張燈結綵，歌舞昇平。無論是達官顯貴，還是市井百姓，晚上都會出來觀燈賞月。宋朝以前，城市有嚴格的宵禁制度，晚上跑到街上會被官府巡夜的懲處，唯獨上元節例外。唐朝時上元節的晚上開禁三天，大家晚上隨便出來玩，賞燈逛街，不回家都行。到了宋代，雖然沒宵禁了，但女性在晚上仍然大門不出，二門不邁。不過上元節這一天仍舊是特例，成為女性少有的能隨便出去溜達的日子。姑娘們上街，小夥子們出動，年輕的朋友們在一起，幹什麼都快樂。後面的故事不用我講，大家也能猜到。宋代詩人辛棄疾就寫過一首描寫上元節夜晚場景的詩詞《生查子・元夕》，詩中「月上柳梢頭，人約黃昏後」兩句膾炙人口，講的就是上元節晚上幽會的內容。所以，上元節才是中國古代的情人節。

在大陸歷史劇《大明宮詞》裡，周迅扮演的太平公主，就是在上元節這一天的夜晚遇上了她心儀的男子「昆侖奴」，這恰恰凸顯了上元節的情人節色彩。

42 古人如何解決「剩女」問題

古人壽命不長，所以結婚都早，很多人都聽說過：古人十四五歲就結婚了。果真如此嗎？這一篇我們來考察一下古人的結婚年齡。

古人結婚的年齡，並不是一成不變的，而是隨著社會局勢、道德觀念、官方政策等因素的變化而變化的。所以，我們考察古人的結婚年齡，應該分時間段來看。

先秦時期，對男女的最晚結婚年齡有規定。比如《禮記》就規定：「男三十、女二十而無夫家者，皆過時不嫁娶者，媒氏會而合之。」意思是說：男子到了三十歲、女子到了二十歲的，如果還不結婚，政府就要用強制力幫你結婚，一般是派一個官方媒人給你強制介紹對象，必須去見。因此，兩千多年前的中國居然還有強制相親。

文獻只記載了法律規定的最大結婚年齡，那現實中的一般結婚年齡是多少呢？先秦時期相關的文獻記載太少了，我們只能通過對《左傳》記載的幾位魯國國君結婚時的年齡，側面看一下當時普通人的情況。根據統計，他們的婚齡如下：魯隱公三十歲之前，魯桓公大約十八歲，魯莊公三十七歲，魯僖公二十五歲前，魯文公二十三歲前，魯宣公十四或十五歲，魯成公二十五歲前。可以看出，魯國國君的結婚年齡大部分在十八至三十歲之間，大都符合三十歲之前結婚的規定。唯獨魯莊公例外，三十七歲結婚，不知道國君大齡未婚，是不是也應該由政府強制相親？

戰國末期的統一戰爭對社會的破壞力極大，加之秦朝暴政的影響，人口數量大幅下降。漢朝初年，為了加快人口繁育，漢朝政府修改了男子三十歲、女子二十歲的最晚法定結婚年齡，將其大大降低，特別是將女子的最晚結婚年齡降低到了十五歲。

與先秦政府強制相親的辦法不同，漢朝政府是用稅收槓桿來鼓勵結婚。漢惠帝六年令：「女子年十五以上至三十，不嫁，五算。」漢朝的「算」是政府徵稅時的一個計數單位，一算為一百二十錢。也就是說，如果女子十五歲了還不嫁人，要加倍徵稅，最高加徵五倍，一直徵到你三十歲。如果三十歲還嫁不出去，政府就「棄療」了。那漢朝男女的一般結婚年齡是多少呢？根據學者楊樹達的《漢代婚喪禮俗考》記載，漢代普遍的結婚年齡是男子十五六歲，女子十三四歲。也就是說，今天的高中男生和初中女生，穿越回漢朝就是普遍的結婚群體。

唐朝政府也對最低結婚年齡作了規定，玄宗開元二十二年敕令「男年十五，女年十三以上，聽婚嫁」。也就是說，唐朝的法定結婚年齡是男子十五歲以上、女子十三歲以上。那當時一般人的結婚年齡又是怎樣的呢？有學者對《唐代墓誌彙編》中記載的三百四十四名上層女性的初婚年齡進行了統計，其中最小的十一歲，最大的二十七歲，十三歲以下和二十歲以上的均為少數，十四至十九歲嫁者居多，其中又以十四、十五歲的更多。拿到今天，女生初中畢業基本就都結婚了，而男子的結婚年齡要略高兩三歲。總體來看，唐朝的婚配年齡比漢朝略晚一兩歲的樣子。

宋朝的法定結婚年齡沿襲了唐朝的規定，實際結婚年齡卻比前朝高了不少。有學者對宋朝墓誌銘記載的六十名女性進行了統計，平均結婚年齡為十七點六七歲，大部分在十七至十九歲之間結婚。男子的結婚年齡就更大了，根據統計，士人階層的平均結婚年齡在二十四點一五歲，大部分在二十至二十五歲之間結婚。士人階層結婚晚，可能是為了參加科舉考試，把時間都用在學習上了。如果是普通民眾則要更早一些，男子二十歲結婚應是普遍現象。為何宋朝人結婚這麼晚呢？一是宋代城市文明發達，不結婚也有事做，從這點來看，宋代還真是近代的前夜；二是宋代結婚費用高，彩禮和嫁妝都非常昂貴，這可能也是導致結婚晚的原因。

明清兩朝，男女的結婚年齡和宋朝差不多。明朝人黃佐在《泰泉鄉禮》中記載：「凡男女婚嫁以時，男子未及十六，女子未及十四成婚者，謂之先時。男子二十五以上，女子二十以上未成婚者，謂之過時。」也就是說，明朝男子的結婚年齡大多在十六至二十五歲，女子的結婚年齡大多在十四至二十歲。有學者根據《明史》中的資料統計，明朝女子的結婚年齡在十七歲左右，與黃佐的記載吻合。清朝也延續了明朝的傳統，十七至二十歲之間是大多數男女的結婚年齡範圍。

有的人可能要質疑了：不對啊，我們看電視劇裡清朝的皇帝和嬪妃結婚時大多是十三四歲，康熙十三歲的時候就已經生孩子了！不錯，清朝皇室的結婚年齡是小，但那繼承的是滿族人的傳統，漢族人結婚沒那麼早。

綜上所述，古人的結婚年齡呈現越往後就越晚的趨勢。拿今天的年齡來類比，漢朝人初中就結婚了，唐朝人高中結婚，而在宋、明、清三朝，想結婚就得高中畢業了。如果你是宋朝的讀書人，想結婚就得大學畢業了。

43 古代結婚難嗎

對於當下的年輕人來說，「結婚」是個老大難的事。很難遇到喜歡的人恰好也喜歡你，這是主觀上的「結婚難」。婚禮的繁瑣流程和諸多準備是客觀上的「結婚難」。因此，「結婚」讓很多年輕人望而生畏，甚至有不少人會想，一輩子就這樣一個人算了。那古人結婚難嗎？

在上古時期，婚姻制度和今天不一樣，結婚是不難的。無論是群婚制，還是搶婚制，婚姻都是相當隨意的。確切地說，那時候並沒有嚴格的婚姻，大家開心就好。進入文明社會後，一夫一妻制形成，婚姻就變得重要而繁瑣了。

古代儒家社會，很少有自由戀愛，因為在保守的主流價值觀下，未婚男女很少有接觸的機會。古代大部分婚姻都遵從「父母之命，媒妁之言」，說白了就是在長輩安排、媒婆介紹後結婚。這種婚姻中的夫妻雙方，在婚禮前都不一定見過彼此，也就無所謂喜歡不喜歡了。所以，古代的包辦結婚不會存在「主觀上的結婚難」。近年來，大齡男女們知音難覓，很多人又開始懷念起「父母之命」式的包辦婚姻了，管他喜歡不喜歡，至少省事。

我們來重點說說古代「客觀上的結婚難」——繁瑣的流程。早在先秦時期的《禮記》中，就規定了婚禮程式的六個步驟，稱為婚姻六禮，這六禮分別是：納采、問名、納吉、納徵、請期、親迎。我們具體說說這六個步驟。

首先是納采，其實質類似今天的求婚。分為兩步，先提親，後納采。古人的求婚不需要情侶雙方出面，有媒婆和家人就夠了。納采前，媒人要去女方家提親。提親的時候，媒人要介紹一下男方的個人概況和家裡的情況。這時候，媒婆的三寸不爛之舌就派上用場了，必須把男方神吹一頓。《笑林廣記》裡有這樣一個段子：

古時候有個窮小子，天天為生計發愁。鄰居就逗他：你只要找媒婆說道說道就好了。窮小子不解地問：難道媒婆有什麼發財良方能讓我飛黃騰達？鄰居笑著說：無論多窮的人，經媒婆的嘴一誇就發跡了！

媒人提親成功後，男方的家人就要準備去女方家正式納采了。納采的「采」，跟今天的彩禮是一個意思，但還不是正式的彩禮，只能算見面禮。古代納采一般送大雁。為何用大雁呢？主要有兩種說法：第一種說法認為雁這種候鳥「木落南翔，冰伴北徂」，是一種順乎陰陽往來的動物，用雁納采，象徵順乎陰陽之意；另一種說法認為雁代表忠貞，雁失配偶，終生不再成雙，用雁納采象徵對忠貞的追求。如果條件不允許，納采時找不到雁，也可以用鵝來代替，古人把鵝看作家雁。

納采之後是第二道程序，叫做「問名」。所謂問名，是託媒人去問女方的姓名及生辰八字。有的朋友會疑惑：問個名字還用特意搞一道程序？找人一打聽不就好了嗎？不要小看古代女子的名字，未婚女子的名字只有家人知道，對外是保密的。即使在家，家人也只是呼喚其小名，估計就是為了保密大名，所以如果你穿越回去的話，不要輕易問女孩的名字，否則會被認為你想娶人家。

古代問名的時候，除了問女孩的名字，還要問生辰八字。古人很迷信，問來女孩的生日時辰後，還要找人占卜一下，看看和自家孩子的生日時辰是否匹配，是吉是凶，然後決定成婚與否。今天這個傳統在年紀大的長輩那裡還有遺風，聽說晚輩有對象了，有的長輩就會說「找個人好好算算」吧，看看是否合適。古人有時也將「問名」程序簡化，甚至與納采合二為一。

問名後男方家要找人占卜，一般都會得出吉利的結果。如果結果不吉利，那一定是給占卜者的賞錢少了，否則就是男方想以此為藉口取消這門婚事。如果占卜順利，男方就要把吉利結果告知女方，實際上就是對這門婚事再次表示確認。這一程序稱為「納吉」，意為把好消息告訴你，後世又稱此為「訂盟」，其實質就是我們今天所說的「訂婚」，納吉是婚姻六禮中的第三道程序。

接下來是第四道程序，叫做「納徵」。「納徵」就是男方家給女方家送聘禮，用我們今天的話說，就是給彩禮。那古人的彩禮都送啥呢？按照古禮，彩禮主要有三類：一是「玄纁」，就是用深紅和淺紅兩種顏色組成的衣物；二是「束帛」，當時五匹為一束，也就是送去五匹長的帛；三是「儷皮」，就是成雙的鹿皮。看來古人最初還是比較淳樸的，送的彩禮基本上都是結婚過日子的居家用品。當然，從另一個角度看，這也是那時物資匱乏的表現。大陸改革開放前大家送的彩禮基本上也都是水盆、暖瓶、被罩之類的居家用品。改革開放後，隨著經濟社會的發展，大家基本不送東西了，都改送錢了。因為生活富裕了，大家啥也不缺了，就缺錢。古代也是這種情形，最初送皮帛等禦寒之料，後來就主要送真金白銀了。所以，古人也稱其為「聘金」或「納幣」。

古人送的彩禮數額的確很高，可並不是「來而不往」的單向送禮。男方送女方家厚重的彩禮，女方家同樣也要置辦豐厚的嫁妝。特別是宋朝，流行厚嫁之風。很多時候，宋朝人不是娶不起，而是嫁不起。蘇軾的弟弟蘇轍，為了給女兒置辦嫁妝，特意賣了他在河南新鄉購置的一塊好地，湊了「九千四百緡」錢嫁女，他在日記裡說這叫「破家嫁女」。九千四百緡就是九千四百貫，咱們前面算過，宋朝一貫錢的購買力折合今天的人民幣八百元，也就是說蘇轍給女兒置辦的嫁妝折合今天人民幣約七百萬元左右（約台幣三千萬元）。厚嫁之風在江南地區尤甚。南宋有個叫鄭慶一的女子出嫁，嫁妝包括五百畝土地、三十間商鋪，還有十萬貫銅錢——這些東西拿到今天得上億了。

古人嫁女為何要給這麼多嫁妝呢？主要有兩點原因：第一是貼補家用，讓女兒的婚後生活更舒適些。在宋代，女性擁有一定的財產權，女方的嫁妝婚後歸自己支配，夫家不能隨意取用，否則會被人瞧不起。此外，厚嫁還有一個更為重要的原因：嫁妝越多，女兒婚後在夫家就越有地位。《三朝北盟會編》記載了一個有關嫁妝的故事。說宋朝秦檜投降金軍後被外派任務，其妻王氏擔心自己被丟下，就故意吵鬧說：「我嫁到你們秦家，那可是明媒正娶，光嫁妝就有二十萬貫，我父親給這麼貴的嫁妝就是想讓我和你共度餘生，你現在想把我丟在這裡嗎？」這段對罵是故意演給金人看的，金人最終同意了王氏隨秦檜同行，看來金人也知道這麼貴的嫁妝是不能「辜負」的。

納徵之後是不是就要結婚了？別著急，還有第五道程序叫做「請期」。就是男方家擇定婚禮的日期，備禮告知女方家，並徵得其同意，民間俗稱「提日子」。這道程序也比較簡單，但也要占卜，也要送禮。送的禮比較簡單，一般還用大雁。

婚姻六禮的最後一道程序就是迎親，即我們今天常說的婚禮儀式。迎親禮是古今婚姻中最為繁縟的儀式，還總在變化。不過無論怎麼變，無非兩類環節，第一類是家庭關係的確認，比如新婦在男家的「認大小」、「斟酒」、「獻茶」等；另一類是對新人們的祝願，如「獻四喜湯」、「迎轎」、「下轎」、「祭拜天地」、「行合巹禮」等。

通過以上對古代婚姻六禮的敘述，你是否感覺到有點腦袋疼？無論古今，結婚都是頭等難的事。

44 古代婚禮在什麼時間舉行

今天中國北方大部分地區結婚都是在上午，並且一定要在正午十二點之前，只有二婚才會在下午辦婚禮，但是天津除外，據說天津市區裡的人都是在下午舉辦婚禮。而在南方，很多地方都是在下午甚至晚上結婚。那古人結婚是在什麼時間呢？

古人結婚多是在黃昏傍晚時分，結婚的「婚」字，最初就是代表黃昏的意思，「婚」字是通「昏」一字的。唐朝的《儀禮注疏》就說：「士娶妻之禮，以昏為期，因而名焉。」在下午黃昏結婚，是自周朝就有的悠久傳統。

古人下午結婚並不是草率的決定，而是沿襲了上古時代搶婚制度中的傳統。早期人類社會的婚姻制度並不成熟，也沒有明媒正娶一說。最初都是群婚，還是族內群婚，就是說你的老婆都是你的姊姊妹妹們。總在一個群體裡結婚，時間久了，多少有些視覺疲勞，而且有時候部落內的女人還不夠用，畢竟蛋糕太小了不夠分。作為補充，原始居民就到族外其他的部落搶女人回來結婚，稱為掠奪婚，也叫搶婚。

搶婚的時候，部落的男子組隊衝進對方部落，看見體型差不多的婦女，扛起來就跑，搶回去就是自己的媳婦。既然是搶，就要選擇夜色漸暗的黃昏，這樣的天色有利於行動隱蔽。有的人可能會說，那半夜去搶豈不是更好嗎？月黑風高啥也看不見，更隱蔽！是啊，半夜啥也看不見的確隱蔽，但搶媳婦時臉也看不見，搶回來是個大媽怎麼辦？萬一搶回來個男的豈不更糟心？所以上古時代的搶婚都選擇在黃昏。後來的婚姻制度演進為明媒正娶了，可婚禮的時間依舊沿襲了上古的傳統。

其實人類的很多行為與傳統都映射著上古時代生活的影子，婚禮習俗就是典型的代表。比如說自古以來傳統的中式婚禮中，新娘子都要頭戴蓋頭。有的學者就認為：戴蓋頭的目的是蒙住新娘的眼睛，防止新娘認出回家的路，其目的和土匪綁票時蒙住人質的眼睛是一個道理。

黃昏結婚是古代中原地區的傳統，後來，隨著少數民族南下中原，原先中原地帶的漢族人便衣冠南渡，遷往江南地區。他們在南遷的同時，也將中原文化和習俗帶到了南方，所以今天很多南方地區就保留了古代中原地區的風俗習慣，結婚也多選擇在下午進行。而北方胡漢雜居，原有的一些中原的傳統習慣也就漸漸消失了。

今天，古老中原地區的傳統文化在南方地區保留較多，特別是廣東、福建。從某種角度講，傳統文化越往南越漢化，越往北越胡化，胡漢結合，就是當今的中華文化。

最後，我們再來解決本篇開頭的問題：為何天津地處北方，卻也選擇下午結婚呢？難道天津保留了中原傳統文化？並非如此。婚禮的時間選擇，既有先天傳統的遺留，也有後天因素的影響，天津就屬於後者。天津下午結婚的習俗與碼頭文化有關。天津過去是繁忙的碼頭，人們的生活與碼頭密切相關。很多天津人上午都在碼頭忙活做事，沒有時間幹別的事，只有下午才有空聚在一起舉行婚禮。久而久之，天津人就形成了下午結婚的傳統，並延續至今。

總結下來，最初的結婚之所以都是在黃昏，因為不是結婚，而是「劫昏」。

45 古代的婚姻制度（上）

每當談及古代的婚姻制度時，許多男性同胞都會心生羨慕，侃侃而談古時男人們都是三妻四妾，老婆成群云云。當然，這樣的心花怒放狀態一定是在老婆不在場的時候。那麼古人真的能娶多個老婆嗎？今天我們就來聊聊古代的婚姻形式。

近代學者研究中國古代婚姻制度，多是按照西方理論來研究，特別是受美國原始社會史學家摩爾根婚姻階段理論的影響較大，認為婚姻形式是逐漸階段性進化的。中國古代學者研究婚姻制度時，沒有接觸到西方理論，但許多研究結果卻和摩爾根的理論高度契合，這說明人類社會確實存在許多普遍性。在這一篇裡，我們就根據摩爾根的理論，並結合中國歷史實際情況，將古代婚姻制度的演化進程重現給大家，看看古人到底能娶幾個老婆。

最初，人類沒有婚姻，或者說是「雜婚」，就是隨便。你行動範圍之內能看見的女人，都可以是你的老婆，只要你能扛得住。《列子·湯問篇》說那時候是「男女雜遊，不聘不媒」。「雜遊」二字用得非常有畫面感，就是兩性之間隨便歡愉。普天之下，皆可為夫妻。

慢慢地，人們認識到這種「雜遊」太過草率了，也不文明，和獸類沒有區別。特別是和自己的長輩「雜遊」，想想都是很噁心的事。於是人類就進化到了婚姻制度的第一階段——血族群婚。所謂血族群婚，就是一個血緣群體，按照輩分區分，平輩之間可以婚配。這種婚姻形式的出現，杜絕了和長輩婚配的情況發生，是人類最初倫理觀念的體現。在這個階段，你的姊姊妹妹、姑表親戚，都可以是你的老婆，也就是今天所說的近親結婚。中國古代神話傳說中的伏羲和女媧就是兄妹關係，兩人的婚姻關係就是血族群婚在傳說中的印證。

總在一個血緣圈子裡婚配，時間久了也會膩。另外，有的血緣群體會出現女少男多的情況。比如說部落裡總生男孩，搞得整個大家族的一個輩分裡「僧多粥少」，婚姻關係極不和諧。於是，古人就想到了補充新鮮女性的辦法——到族外去搶，這就是「搶婚」制度的由來。搶婚時，選個黃昏朦朧之時，到鄰近的氏族，見到女性扛起來就跑。扛到家就是你的老婆了，確切地說是兄弟們共同的老婆，因為搶婚是血族群婚的補充形式，大家還是多夫多妻。嚴謹地說，搶婚並不是婚姻制度中一個單獨的發展階段，只是一種補充形式，用來調劑血族群婚的。

有的人會認為搶婚很野蠻，是人類社會的倒退。不盡其然，有的「野蠻」也能使人類有意外的發現從而加速進步。搶婚的野蠻就讓人類有了一個重大的發現——搶婚得來的老婆生下的孩子都比較健康，而族內群婚生的孩子要麼腦殘要麼身殘。這就讓人類認識到了近親結婚可能導致後代畸形的遺傳學害處，推動了人類的婚姻形式進化到第二個階段——族外群婚，摩爾根稱之為「普納路亞婚」。

族外群婚杜絕了兄弟姊妹之間的婚姻關係，想婚配就得去別的血緣氏族找異性。那是讓男的出去找還是讓女的出去找呢？讓男的出去找，因為女性能生孩子，得留在自己的氏族，以保證人丁興旺。說白了，族外群婚，就是男的倒插門去另一個氏族婚配，婚配完了回到自己的氏族生活，因為「丈母娘家」不管飯。需要注意的是，這種婚配關係也不是一對一固定的。打個比方，今天生活在山的東面的氏族裡來了一個男子，和我家女兒婚配；過幾天，生活在山的西面氏族的另一個男子也來了我的氏族，也可以和我家女兒婚配，可謂「有男子自遠方來，皆女婿也」。然而問題出現了，過一段日子女兒懷孕了，生下了孩子，卻不知道父親到底是山東面來的還是山西面來的，孩子只知道母親是誰。這種只知其母不知其父，人們以母系血緣為紐帶生活在一起的社會，叫做母系氏族社會。也就是說，族外群婚時代，不是你有多個老婆，而是你老婆有多個老公，並且生的孩子都不管你叫爸爸。

族外群婚之下，一個女子可以和多個男子婚配，但人是有感情的動物，一個女子的眾多老公之中，可能有一個老公因某方面的優勢會更吸引該女，所以，女子就會慢慢產生「和其一同看日出日落」的固定同居想法。這樣，人類婚姻就進化到了第三個階段——對偶婚。

對偶婚下，女子還是有多個外氏族的婚配對象，但會有一個固定的主夫；男子還是可以去多個氏族婚配，可會在一個氏族有一個固定的主妻。主夫和主妻之間能夠相對長時間地同居在女性的氏族，生活個十天半個月的，「丈母娘」不會趕你走。這種對偶婚的出現，是人類固定婚姻的萌芽，是家庭產生的基礎。然而這種對偶婚也不是十分穩定，可以自由離異，哪天不喜歡你了就好生分別，各尋新歡，隨聚隨散。今天雲南地區的一些少數民族，還保留著這種對偶婚的形式，比如摩梭人的「走婚制」。

隨著生產力的發展，男性的作用越發重要，其地位也越來越高。農耕社會的到來，讓男性逐漸成為人類最先進生產力的代表。人類從母系氏族社會過渡到了父系氏族社會，這一變革是人類歷史上最偉大的變革之一。人類逐漸產生了私有財產觀念，也逐漸產生了不需要大氏族一起生活的想法，都渴望組成自己的小家庭。於是，財產逐漸集中到以男子為中心的家庭之中，而不再屬於整個氏族社會。我的東西就是我的，別人不許動。我死後，我東西給我的孩子。在對偶婚下，孩子只知其母，不知其父，這樣不方便遺產繼承，因此為了傳承財產，人類就進入了婚姻制度的最後一個階段——一夫一妻制，一直延續到了今天。

中國從先秦時代開始的數千年裡，一直都實行一夫一妻制度。即使是貴為天子的皇帝，在同一時間段內也只能有一位皇后。有人說不對啊，乾隆那個「大豬蹄子」有三位皇后啊。注意，那不是同一時間段，都是一個皇后死了之後又立了一個，前後一共是三個。有的男同胞們看到此處會失望至極，怎麼沒有三妻四妾階段啊？說好的古代社會好呢？不要急，古代的一夫一妻制和今天的一夫一妻制還有個很大的區別，古代的一夫一妻制有個重要補充形式，那就是納妾，而且可以納多個。所以，古代的一夫一妻制完整的表述應是「一夫一妻多妾制」。有人會覺得妻妾都一樣，都是老婆，所以三妻四妾的表述也是沒問題的。這是大錯特錯。妻妾的區別是很大的，具體有多大？咱們下一篇繼續講。

46 古代的婚姻制度（下）

妻妾之間的故事，是很多古裝電視劇熱衷的話題。曾經熱播的大陸電視劇《知否知否應是綠肥紅瘦》（以下簡稱《知否》），就是其中比較有代表性的。《知否》以北宋社會為故事背景，架空歷史，展現了一幅大戶人家的生活畫卷，充斥著妻妾兒女的勾心鬥角，因此也被稱為「宅鬥劇」。這部劇相對以前一些粗製濫造的歷史劇而言，在歷史細節的還原上還是比較下功夫的，特別是對宋人家庭關係和生活原貌還原得比較到位。很多朋友對劇中正妻王氏和妾室林小娘之間的宅鬥情節印象深刻，驚嘆妻和妾在家中的地位差距如此之大。那妻妾之間的區別有多大呢？在這一篇我們就來聊聊。

首先，身分地位不同。妻，在《說文解字》中的解釋是「與夫齊者也」，意思是說地位與丈夫平齊。妻子的身分實質是家庭的女主人，有財產和下人的支配權。妻子只能有一個，妾卻可以有多個，具體數量取決於你的家庭條件。妾，在《說文解字》中的解釋是「有罪女子」。

妾在甲骨文中的寫法是：上面是形似刑具，下面是一個「女」字，就是戴刑具的女子。妾的身分實質是奴婢，是服侍主人的，只是服侍的方式是同主人睡覺生孩子。電視劇《知否》的前段中，是妾室林小娘掌管家族財務，這在古代是極不正常的現象，所以男主人被指責為「寵妾滅妻」。

其次，出身不同。妻一般都出身正經人家，講究門當戶對，而妾的出身就無所謂了，多數比較低微，否則也不會委身去給人家做妾。最初，妾都是部落之間戰爭的戰利品——打敗對方部落，把俘虜回來的女子當妾用。後來的妾，一般都出身於貧苦人家，有的則出自青樓。北宋名臣范仲淹就納了一個青樓女子為妾，名叫甄金蓮，是一位色藝俱佳的女子。妾也有出身較為富裕家庭的，不過依然遵循門當戶對，富裕家庭的女子肯定是到更富貴的人家才肯當妾。從禮法上講，皇帝的嬪妃都是妾，只有皇后是妻。

第三，獲得方式不同。娶妻要經過三媒六聘、婚姻六禮等繁瑣的程序，明媒正娶後才能進門。即便貴為皇家，也不能違背。古代迎娶皇后，有著比民間娶妻更為繁瑣、鄭重的禮儀。清朝皇帝大婚時，迎娶皇后的路線都有講究。皇后要從皇城的正門——大清門抬進來，然後依次經過天安門、午門等中軸線正門，再進入後宮。而其他新進宮的嬪妃，只能從皇宮後面的神武門入宮。在清朝，大清門是只有皇帝才能走的門，皇后入宮也走，體現了夫妻地位的齊平。

妻子是娶來的，妾則是納來的，正所謂「娶妻納妾」。納字的意思是接收，像東西一樣，花錢了就可以買。既然是買來的，自然也可以賣出，古代的妾是可以用於交易的。那價格一般是多少呢？《夷堅志．丙志》記載，北宋「衢州龍遊人虞孟文，以錢十四萬買妾」。這裡的十四萬指的是制錢十四萬文，合一百八十貫左右。北宋一貫錢的購買力大約合今天人民幣八百元，計算下來，納妾需要花人民幣十五萬元（約台幣六十五萬元）左右。宋代買妾，服務年限上也不盡相同，有終身者，也有只服務幾年的。另外，如果妻子死了，妾一般是不能上位成為妻子的。唐朝法律明確規定：「妾乃賤流」、「以妾及客女為妻，徒一年半」。假如將妾升為妻，就是觸犯了刑律，兩口子要服刑一年半，而且事後照樣得遵法離婚。

第四，法定准入條件不同。娶妻只要男子到了結婚年齡就可迎娶，但是納妾是有條件的。在宋代，許多家族的家法都規定「四十不納妾」。如浦江鄭家的《鄭式規範》裡就規定「若年四十無子，許置一人」。也就是說，男子娶妻後如果四十歲了還沒生兒子，這時候才可以納妾。到了明朝，更是將此項要求寫入了法律。《大明律》規定：「凡男子年滿四十而無後嗣者，得納妾。」從這一點要求上來看，納妾的最主要目的是給主人生孩子，妾只是個生育機器。有的朋友可能會失望，原來古人也不是妻妾成群的啊，連納個妾都這麼麻煩！別急，法律是法律，現實是現實，只要你有錢有地位，想納幾個納幾個，想什麼時候納就什麼時候納。另外，古代男子不納妾也可收養女子，除了妾還有家妓。宋代的商人和士大夫都有蓄妓的習慣，有的多達數十人甚至上百人，這也得看家裡的條件了。另外，納妾是需要徵得妻子同意的，如果妻子不同意，你就納不成。有的時候，妻子進門時帶過來的陪嫁女子，也會成為丈夫的妾。

第五，家庭待遇不同。既然妻的身分是主人，妾的身分是奴婢，那妻妾之間在家庭中的待遇也就大不相同。比如說，明代法律規定：妻打妾，只要打不殘打不死就沒事；而妾打妻，是要杖一百的。花費待遇上，妻妾差距也很大。《紅樓夢》裡，正妻王夫人的月例銀子是二十兩，妾室趙姨娘的月例銀子只有二兩，相差十倍。另外，妻妾死後的待遇也大不相同。正妻死後可以和丈夫同穴合葬，而妾不可以。

最後，妻妾身分不同，生育出的子女地位也不同。妻子生的子女叫嫡出，妾生的叫庶出。庶出的子女，在法理上是要將父親的正妻作為母親來侍奉的，稱為大母、嫡母。而對自己的生母，則稱為親母或生母。至於《知否》中「小娘」的稱法，在宋代一般是不會用來稱呼母親的。因為在宋代，青樓妓院的女子才會被喚作「小娘」，類似今天的「小妞」。

文末還要跟大家說一下古代妻子對納妾的態度。古代妻子對丈夫納妾看得比較包容，畢竟地位懸殊，不會產生太多醋意——何必跟一個下人計較？甚至有的妻子會主動提出為丈夫納妾，並會被看作是妻子通情達理的表現。北宋仁宗時，王安石的妻子為丈夫花了九十萬錢納了一個妾，這些錢的購買力至少合今天人民幣七十萬元（約台幣三百萬元）。花這麼大價錢納來的妾，想必是色藝俱佳。

47
古人如何離婚

「離婚」在古代並不是什麼新奇的事，早在先秦就已有之。《詩經》中稱離婚為「仳離」，「仳」就是離別。在《戰國策》和《韓非子》等文獻中，有「去妻」之說，也是離婚的意思。秦朝時稱離婚為「棄」，漢朝後又有了「出妻」、「休妻」的說法，到了近代才叫離婚。

古人的離婚方式都有哪些呢？最常見的有三種。

第一種離婚方式是丈夫要求解除婚姻關係，這種離婚稱為「出妻」，民間稱為「休妻」。先秦時未對休妻作制度上的規定，導致離婚盛行。漢朝時，為了維護婚姻穩定，國家對休妻做了限定，不可隨意休妻。只有當妻子犯了七種錯誤時才可以休妻，這種情況被稱為「七出」，在唐朝時納入了國家法律。「七出」指：不生兒子；出軌；不孝順老人；犯口舌；盜竊；嫉妒心重；患有重病。是的，嫉妒也會被休，當下那些容易「酸」的女生還是不要隨便穿越回去了，否則很有可能被休。在古代男權社會下，婦女地位之低下，從七出制度就可窺一斑。

當然，古人也考慮到了一些女性的權益。首先，妻子沒有犯「七出」過錯而被無故休妻的，丈夫會受到刑罰。唐朝時是流放一年半，元明清三朝是杖一百或杖八十。另外，有下列三種情況，即使妻子犯了「七出」也不能被休，即所謂的「三不出」：妻子離婚後無家可歸的不許離婚，妻子曾為公婆守孝期滿三年盡了孝道的不許離婚，結婚時丈夫貧賤而今富貴的不許離婚。「三不出」倒是挺有人情味，特別是最後一條。

第二種離婚方式是官府強制性的，稱為「義絕」。東漢時《白虎通德論》曾對早期的義絕情況做了說明：「悖逆人倫，殺妻父母，廢絕綱常，亂之大者，義絕。」後世義絕的範圍有所擴大，離婚案例中常見的「義絕」情形有丈夫毆打妻子父母、丈夫姦非（強姦罪或通姦罪）、丈夫賣妻、丈夫在與妻子久別期間重婚。另外，家庭暴力也被納入了「義絕」的範圍。義絕離婚在古代並不多見。明清時期，即使有義絕情形發生，但只要夫妻雙方還願意保持婚姻關係，官府也不會強制離婚。

第三種離婚方式較為和諧，夫妻雙方情感破裂後的自願離婚，古代稱之為「和離」。與休妻中的男子單方主張離婚不同，和離強調夫妻雙方都有意願，特別是女方的意願。古代「和離」和今天普遍的協定離婚類似，程序也大致相同。首先，夫妻雙方都有離婚意願並達成一致。其次，雙方家長親眷需要同意。再次，丈夫要出具和離的文書，夫妻雙方及父母簽字畫押。最後，將和離文書上交官府，得到准許後更改戶籍，「和離」便完成了。古代的和離文書稱為「放妻書」，一個「放」字很有意蘊——感情不在，婚姻難續，夫妻雙方各自放過，好聚好散。一九〇〇年出土的敦煌文書中，有一批唐代文獻，其中就有十幾份「放妻書」。其文字優雅，情感動容。其中一份放妻書寫道：「願妻娘子相離之後，重梳蟬鬢，美掃蛾眉，一別兩寬，各生歡喜。」王老師頓時想起席慕蓉說過：「若不得不分離，也要好好地說再見，也要在心裡存著感激。」這種境界，現代人也很少能夠達到。

相對來說，唐朝及以前對離婚的看法是比較包容的，並不認為那是什麼丟人事，唐朝公主也有許多離婚的，但對於那些隨意離婚的，甚至離婚三四次的人，古人還是比較反感的。從宋朝起，程朱理學開始影響人們的價值觀，存天理滅人欲，人們逐漸恥於離婚。到了明清，人們的自由更加被禁錮，離婚被視為大惡。士大夫即使娶了悍妻妒婦，也不敢離婚。直到新文化運動時期，婚姻自由的觀念又被普遍接受，離婚也變得平常，就連末代皇帝溥儀都「被離婚」了。今日，離婚完全是個人生活的私事，外人是無權指手畫腳和品頭論足的。離婚是令人遺憾的，有的當事人還會十分痛苦，但離婚並不是一件丟人的事。那些斥責別人離婚很丟人的人，他們的思想進化程度真的還不如古人。

48

古人為何瞧不上綠色

如果一個人的配偶或戀人出軌了，我們常會說這個人被「綠」了，或者說這個人戴「綠帽子」了。「綠」成為被出軌的符號。那為何偏偏是綠色呢？古人為何瞧不上這個顏色呢？

中國古人很早就知道紅、黃、藍三原色了，加上白色和黑色，這五個顏色被稱為「正色」。其他的顏色都是用三原色調出來的，因此被稱為「間色」。間色被認為是雜色，正色則被視為高貴的顏色。古代五行學說中的金、木、水、火、土也對應這五個正色。許多王朝為了論證本朝建立的合法性，都用五行學說來論證改朝換代的合理，也都會選擇正色為本王朝的崇尚色。比如，商朝尚白，周朝尚紅，秦朝尚黑。漢朝的崇尚色比較複雜。漢高祖認為秦朝太短不作數，不算在五行輪換裡，所以主張漢朝繼周朝之後為水德，水德尚黑，故而漢初尚黑色。後來，漢武帝又認為漢朝應該是土德，所以又開始尚黃色。

古人認為綠色是「蒼黃之間」色，即蒼天的藍色和土地的黃色調和而成的顏色，不上不下，顏色不正，是卑微的顏色。北宋《廣韻》中就說綠色為「青黃色」。先秦時期，人們就看不起綠色。《詩經・邶風・綠衣》中有一句「綠衣黃裳，心之憂矣」，意思是說：上衣是綠色的，下裳是黃色的，心裡感到憂傷。這是為什麼呢？有一種解釋認為：因為古人一般以黃色為上衣，綠色為下裳，而詩裡面的搭配則是上下易位，貴賤顛倒。以此比喻夫人失位賤妾上僭，所以「心之憂矣」。以綠色代表地位卑微的妾，足以說明綠色的低賤。

古代有很多以綠色為卑賤的例子。春秋時，賣自己的妻女求食的人，都要裹綠頭巾，以示卑賤。隋唐時確定了官員品色服制度，每個級別的官員都要穿固定顏色的官服，而綠色被確定為低品級官員的官服。唐代貞元年間，《封氏見聞錄》記載，延陵令李封對凡是犯罪的官吏不加杖罰，而只是讓他裹綠頭巾以羞辱，錯誤嚴重的戴的時間長，輕微的則短，「戴綠頭巾」被當作一種懲戒手段。

到了元代，綠色成為最卑賤的顏色，並衍生出了「綠帽子」的說法。《元典章》記載：「至元五年（一二六八年），准中書省劄，娼妓之家，家長並親屬男子，裹青（綠）巾。」意思是說，如果家中有女子做娼妓，那麼她的男性家屬就都得戴綠頭巾。綠頭巾就成為娼妓家屬的專用服飾。到了明朝，規定從事歌唱表演行業的伶人要裹綠頭巾，還要穿綠衣，將特殊行業的綠色服飾進一步以法規形式固定下來，所以元朝之後，穿綠不僅僅是卑賤了，還是一種侮辱。

由於古代娼妓家中男子戴綠色頭巾，而娼妓又大多從事賣淫活動，因此綠頭巾就成了家中女性跟別人發生關係的符號。後人不戴頭巾了，取而代之的是帽子，於是，「綠帽子」也就成了被出軌的代名詞。

社會篇

古人工作，什麼行業最賺錢

49 古代的「錢」長什麼樣子

錢，我們每天都會接觸，很多人為其奮鬥終身。古人也是如此，司馬遷就說過「天下熙熙皆為利來，天下攘攘皆為利往」的至理名言。古代的錢是什麼樣的呢？

人類最早沒有貨幣，都是以物換物。交換的過程中，有些物品受大家普遍歡迎，而且價值比較好估計，就慢慢演化成了早期的貨幣。人類文明最早的貨幣多是貝殼。因為貝殼可以做裝飾品，受到大家普遍歡迎。貝殼小巧堅硬，便於攜帶和保存，也適合做貨幣。另外，對於地處內陸的早期中國文明來說，貝殼不易獲得，具有稀有性，不易貶值。漢字裡跟錢有關係的字大多是「貝字邊」，原因就在於早期貨幣為貝殼。

後來，隨著生產力的提高，貝殼慢慢失去了貨幣的功能，人們開始鑄造金屬貨幣。春秋戰國時期，金屬貨幣種類龐雜，一國一個樣，有刀幣、布幣、鬼臉錢等等。秦始皇統一六國後，將貨幣的形制統一為圓形方孔錢。圓形方孔錢的形制從秦朝用到了民國初年，以至於古人親切地將錢代稱為「孔方兄」。

從秦朝到清末，中國主要有三種貨幣形態——銅錢、紙幣、銀子。

古代銅錢的形制是圓形方孔，但不同朝代的銅錢名稱卻不同。秦朝叫半兩錢，漢代叫五銖錢。五銖錢從漢武帝用到唐高祖時期，共鑄造了七百多年，是中國歷史上歷史最久的貨幣。唐高祖開始，改鑄「開元通寶」。開元通寶背面有一個指甲印大小的月牙紋，關於此月牙紋的來歷，還有很多有趣的故事。最傳奇的說法是：後宮一位嬪妃拿開元通寶蠟樣觀看，不小心在上面留下了指甲痕，工匠們也不敢擅自去除印痕，所以鑄出來的開元通寶上都有月牙紋。貨幣史家彭信威則認為：開元通寶上的月牙紋可能是受了波斯等國錢幣上星月紋的影響。唐朝的確是一個受胡人文化影響較大的朝代。從開元通寶開始，後世銅錢都稱作「某某通寶」或「某某元寶」，沿襲了一千三百多年。

▲開元通寶

歷史上最後一種帝制時代的銅錢是袁世凱稱帝時北洋造幣廠鑄造的「洪憲通寶」。民國時，福建還發行過一種「福建通寶」，為了有別於帝制時代的銅錢，福建通寶採用圓形圓孔形制。古代銅礦開採能力不如今天，而市場對銅錢的需求量又很大，經常出現銅不夠用的情況，這就導致了「銅荒」和「錢荒」。「錢荒」嚴重的時候，政府就會不得不鑄造鐵錢來補充。鐵錢是中國貨幣史的奇葩，斷斷續續存在了五六百年的時間，尤其在宋朝曾大量出現。

古代也有紙幣，例如宋朝時的交子、元明兩朝時的寶鈔等，不過紙幣在古代沒有相應的發行儲備金，缺乏信用擔保，所以用不了多久就形同廢紙。清朝政府吸取了元明兩朝的教訓，對紙幣發行非常謹慎，在前期基本沒發行紙幣；後期，由於圍剿太平軍和自然災害導致的財政窘迫，無奈在咸豐年間發行過「戶部官票」和「大清寶鈔」兩種紙幣，但它們也沒逃離迅速貶值的命運，不到十年就停用了。

在宋朝之前，銀子基本不在市面上使用。宋朝用銀子也少，銀子成為市面普遍流通貨幣得是明朝之後的事了。這其中的原因主要有三。首先，明朝之前中國白銀的開採量十分有限，想用白銀也沒有那麼多。明朝時，新航路開通，美洲白銀大量流入中國，使白銀有

▲大清寶鈔

條件成為主要流通貨幣。學者估算，明末一百年間，海外流入的白銀約有一萬四千噸，是中國自產白銀總量的近十倍。其次，商品經濟的發展，需要大量貨幣用於支付，而白銀的購買力遠高於銅錢，更適合做大宗交易。最後，國家政策的導向發生了改變。明初時也曾禁用白銀而用紙幣，但是紙幣貶值太快，國家不得不解除白銀禁令。張居正主政時實行「一條鞭法」，更是鼓勵用白銀支付。上述原因導致白銀從明朝開始成為主要流通貨幣，並形成了「白銀為主，銅錢為輔」的貨幣體系，延續至晚清。明清兩朝，是中國貨幣史上的「白銀時代」。

黃金在古代一般不作為流通貨幣，只作為儲藏和支付的貨幣使用。貴族經常用黃金支付，比如皇家賞賜或進貢。使用黃金最土豪的時代當屬西漢，史書中關於西漢大手筆用金的記載數不勝數。比如漢武帝一次性就賞給衛青十萬公斤，合今天大約五十噸，而西漢以後，就不見那麼多的黃金賞賜了。這是為何呢？一種說法是漢朝的黃金大部分隨著皇帝和貴族陪葬埋在地下了。還有種說法是漢朝賞賜的「金」並不都是黃金，有一大部分是銅。

到了近代，中國流行四種硬通貨。除了黃金和白銀（銀元）外，還加入了美元和鴉片。這四樣硬通貨的顏色不同，也被稱為「黃白綠黑」四大硬通貨，成為最後的四種「錢」。

50 古代一兩銀子值多少錢

影視劇裡經常有古人花銀子的場景，那麼一兩銀子值今天多少錢呢？我們來具體算算。古代的度量衡與今天不一樣，明清時的一兩大約合三十七克。今天純銀的價格每克約人民幣三點五元（編按：人民幣一元約等於台幣四點三元），僅從銀子價格考慮，一兩銀子大約值人民幣一百三十元。然而，這種單純用銀價來衡量的方式是不能反映古代銀子的價值的。白銀的開採難度古今差距很大，市場投放量和稀有程度也不一樣。我們應該衡量的是古代銀子在當時作為貨幣的購買力，而不是單純的白銀價格。衡量購買力，可以找一些古今都有的商品作為衡量仲介。

先看看宋朝一兩銀子的購買力。宋朝市場上流通的主要是銅錢，一貫銅錢等於一兩銀子。一枚銅錢為一文，一千文為一貫。因為古人用繩子貫穿一千枚銅錢的中孔後拴在一起，所以叫一貫錢，因此古人用成語「腰纏萬貫」形容富有。然而宋朝的一貫錢經常「缺斤短兩」，因為一千文太多了，使用時很少有人當面清點，這就使貪婪者有空子可鑽，事先偷偷在一貫錢裡拿出來一些，以少充多。後來，大家為了避免吃虧，也都跟著這麼幹。時間長了，就慢慢形成了定制，一貫只剩下七八百文，這就是宋朝的「省陌制」。省陌制的問題學界也在爭論，沒有定論，咱們姑且還是按照一貫一千文來計算。

宋仁宗時期，米價是六七百文一石。今天我們吃的普通散裝大米，大陸超市的價格是人民幣三四塊錢一斤。宋代的一石約合今天的一百一十八點四市斤，一石米在今天值人民幣四百五十元左右。也就是說，宋朝的「六七百文」相當於「人民幣四百五十元」，算下來一文錢差不多是人民幣零點七元，一兩銀子差不多合人民幣七百元。

我們再找幾個衡量仲介來檢驗一下。《東京夢華錄》是一部記錄北宋都城東京汴梁社會生活的文獻，書裡說東京汴梁的夜市賣一種叫「炒肺」的小吃，一份不過二十文。這個炒肺，應該類似於今天的羊雜湯或鹵煮之類的小吃。北京街頭大排檔的這種小吃價格，應該在人民幣十五元左右。算下來，一兩銀子合人民幣七百五十元左右。這個結果，跟剛才用米價衡量的結果差不多。

宋朝筆記小說《青瑣高議》記載：慶曆年間，「都下（都城）馬吉以殺雞為業，每殺一雞，得傭錢十文，日有數百錢」。由此可知當時市場上殺一隻雞需要十文錢，今天市場上幫人殺雞大約是人民幣八元錢，這樣算下來一兩銀子合人民幣八百元。

綜合以上的計算，宋朝一兩銀子的購買力合今天的人民幣七八百元。

接下來我們再看看明朝一兩銀子的購買力。明朝萬曆年間，米價維持在半兩銀子一石。明朝一石等於十斗，考古工作者曾測量出明朝成化年間的銅斗容量為九六三五毫升，一千毫升米的重量為零點七五公斤左右，算下來一石米約為七十二點五公斤。今天七十二點五公斤大米約人民幣五百多元，可知明朝一兩銀子買兩石米，相當於人民幣一千元多一點。

成書於明朝中後期的小說《金瓶梅》記載，西門慶聘請溫秀才做祕書，每月工資是三兩銀子。如果按照前面說的「一兩銀子合人民幣一千元略多」來計算，三兩銀子就是人民幣三千多元錢。秀才在古代的考取難度，類似今天的大學畢業生。西門慶所生活的地方是個縣城，今天在縣城工作的大學畢業生，月薪也就是人民幣三四千元。可見，這個計算結果比較可靠。

最後我們算算清朝時銀子的購買力。清朝乾隆年間，湖廣、江西地區一石米的價格在一兩半與二兩銀子之間。清朝的一石和明朝大致相當，大約合今天七十二點五公斤。按照今天的米價作為衡量仲介計算，清朝的一兩銀子大約合今天人民幣三百五十元。

歷史學者戴逸在《十八世紀的中國與世界．農民卷》中指出：乾隆時期的中等農戶，年收入約三十二兩銀子。我們再來看看今天一戶農民家庭的年均收入有多少。根據中國國家統計局的資料，二〇一七年中國農村居民人均可支配收入為人民幣一三四三二元。如果按照一家兩個大人計算，二〇一七年一戶居民家庭的平均收入在人民幣兩萬七千元左右。如果清朝的三十二兩銀子與今天的人民幣兩萬七千元相當，那清朝一兩銀子的購買力大約合今天的人民幣八百五十元。

這兩種計算方法所得出的結果出現了一個較大的差距：用米價衡量，清朝一兩銀子合今天人民幣三百五十元，用農民平均家庭收入來衡量則是人民幣八百五十元。為何會有這麼大的差距？一個比較合理的解釋是：清朝中期人口爆炸，農村人口劇增，而生產力水準又沒有質的飛越，人多地少導致米價上漲，農民生活處於貧困狀態，所以，乾隆時期農民的財富遠不如今天，不能將二者簡單等同計算。中國歷史學者張宏傑認為：清朝的乾隆盛世，是一個民眾「飢餓的盛世」，人均糧食佔有量是秦始皇以來的歷代最低水準。康熙年間，米價才零點七兩一石，到乾隆年間至少漲了一倍，相當於民眾的財富縮水了一半，銀子購買力就下降了一半。顯然，上面兩種計算方式，以米價計算出的「一兩銀子合人民幣三百五十元」比較貼近乾隆朝的真實情況。也就是說，清朝一兩銀子的購買力，隨著時代的不同變化較大，在康熙時值人民幣七百元，到乾隆時就僅值人民幣三百五十元了。

以上就是通過購買力換算古代一兩銀子相當於今天多少錢，宋朝一兩銀子合人民幣七百至八百元，明朝一兩銀子合人民幣一千元，清朝一兩銀子合人民幣三百五十至七百元。

最後咱們得說明一下，用商品作為衡量仲介來換算古代銀子購買力，並不是十分科學嚴謹的做法。因為古代的生產力水準和今天差距很大，古今的恩格爾係數（食品支出總額占個人消費支出總額的比重）也大不相同，收入水準和貧富差距狀況更不可同日而語。另外，以米價作為仲介，只能衡量一個相對固定的時間段內的購買力，因為古代的米價波動很大，可能會受糧食豐收或歉收的影響，還可能受自然災害和戰亂等影響。所以，我們的計算只能作為一個參照，管窺古代的物價水準，更多則是滿足一下我們的好奇心罷了。

51

古人花銀子如何找零

武俠小說裡，有很多關於在飯館吃飯的場景描寫。江湖俠客走江湖，吃完飯後經常甩下一錠銀子後瀟灑而去，找錢都不用，古人真的都這麼闊綽嗎？

前面講過，銀子在宋朝才開始在市面使用，明清時期才成為主要流通貨幣。也就是說，宋朝之前到飯館吃飯，你付銀錠都沒人敢收，這就跟今天在飯館付帳用支票的感覺一樣。即使到了宋朝，飯館使用銀錠的機率也極低，因為銀錠的「面值」太大了。

▲ 銀錠

▲ 碎銀子

銀錠俗稱元寶，一般有十兩

和五十兩兩種鑄造規格。宋代一兩銀子的購買力合今天人民幣七八百元，十兩的銀錠就是人民幣七八千元錢，五十兩的銀錠就接近人民幣四萬元了，所以銀錠主要用於儲藏財富和大宗商品付款，很少在市面流通。就像今人在飯館吃一頓飯很難消費到人民幣七八千元，更不會不找零，除非花的不是自己的錢。

古人在市面上最常用的是碎銀子，面值要比銀錠小許多。碎銀子的重量不是標準化的，有大有小，比較隨機，所以古人使用的時候會隨身帶兩樣東西：一是剪子，二是戥子。使用時，用剪子剪下適量的碎銀子，用戥子秤。這種剪子和一般的剪子不太一樣，剪刀口很短，剪柄卻很長很粗，這樣利用槓桿原理可以更省力。戥子則是一種精確度極高的小秤，據說是宋代時出現的。戥子可以精確到厘，一厘大約是三十一點二五毫克。不僅可以用來秤銀子，還可以用來秤金子或中藥等貴重物品。古人交易的時候，需要用多少銀子，就用戥子秤多少付款。戥子是中國古代花銀子時必用的計量工具。法國著名史學家布羅代爾在《十五至十八世紀物質文明經濟資本主義》一書裡曾描述古時購物的人「隨身帶有鋼剪，根據所購貨物的價格把銀錠鉸成大小不等的碎塊。每個碎塊都需秤出重量：買賣雙方都使用戥子」。小說《紅樓夢》裡也有諸多用戥子的片段，比如第五十一回寫道：「於是開了抽屜，才看見一個小簸籮內放著幾塊銀子，倒也有一把戥子。麝月便拿了一塊銀子，提起戥子來問寶玉：『哪是一兩的星兒？』」

古人在交易時用剪子剪銀子還有一個作用，就是驗證白銀的純度，例如剪開看看裡面有沒有摻假，看斷層是否夾鉛等。另外，古代經常花錢的人還會在腰上繫一個銅鈴形狀的東西，裡面裝有蠟塊，用於收集鉸下來的銀屑。銀屑積到一定數量，熔化蠟塊就能回收成銀子。古人在省錢方面也是絞盡腦汁，並不是我們想像中那樣的大手筆。你在穿越前一定要學會熟練使用剪子，否則穿回去不會花錢事小，如果剪掉手指那就賠大了。

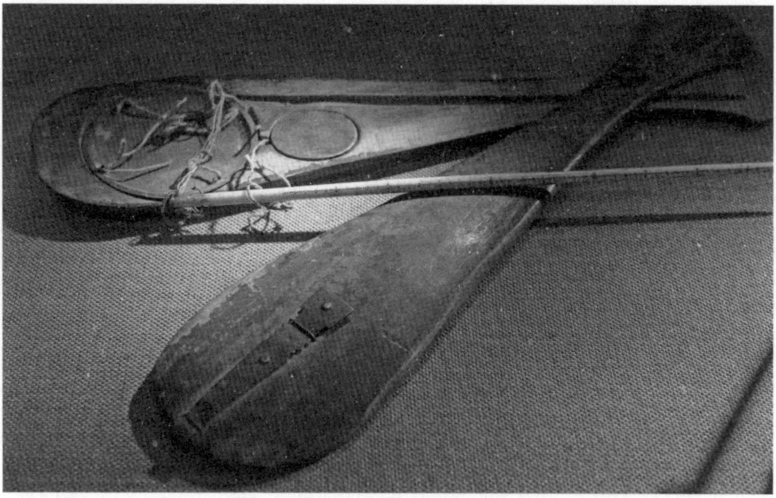
▲ 裝在匣中的戥子（中國華僑歷史博物館收藏）

52
古代下頓館子多少錢

上篇說古代下館子吃飯花不上一錠銀子，那吃一頓飯到底能花多少錢呢？接下來咱們就詳細算算。

下館子花多少錢，關鍵得看你下什麼樣的館子。宋代城市經濟發達，民眾富裕，下館子吃飯比較常見，這方面留下的文獻記載也較為豐富。咱們先以宋代為例，看看古人下頓館子的花費。

最便宜的是路邊攤的小吃。《東京夢華錄》記載，都城東京汴梁（今開封）街頭小吃攤上的煎魚、鴨子、炒雞兔、粉羹之類的，每份不過十五文錢。咱們前面算過，宋代一文錢合今天人民幣七八毛錢，十五文就是人民幣十二元錢。這個價位不算貴，今天在北京買份鹵煮也得人民幣二十多元錢。

陸游的《劍南詩稿》裡記載「百文錢就能在農村點個菜喝個小酒」，這樣算下來，在宋朝的蒼蠅小館吃頓飯也就是人民幣七八十塊錢。

高檔一點的，蘇軾《東坡志林》裡說「那時三兩個士大夫小聚一下，通常花個五百文錢」，算下來合人民幣四百塊錢左右。

大飯店就不同了，《都城紀勝》裡記載，在南宋都城臨安，就是今天的杭州，到酒樓裡吃頓上檔次的飯，都要在五千文以上，合人民幣四千元。

在宋徽宗時期東京汴梁的酒樓，官場宴請一頓飯都要在萬文以上，合人民幣一萬元上下了。不過，還有比官場宴請更貴的，那就是富二代追女生。在金庸的《射雕英雄傳》裡，郭靖請黃蓉吃頓飯，花了大約十九兩銀子。南宋年間，一兩銀子能換兩千多文錢。十九兩銀子得折合人民幣三萬多元錢，確實是大手筆。看來，無論在哪個朝代，撩妹子都是個費錢的事。

我們再看看其他朝代富裕階層一頓飯得花多少錢。《紅樓夢》裡，劉姥姥去榮國府，在大觀園吃了一頓螃蟹宴。這頓飯花了二十兩銀子，令劉姥姥不禁感嘆「夠我們莊戶人家一年的開銷了」。《紅樓夢》的時代背景應該是清朝康熙年間。前面咱們算過，康熙時期一兩銀子的購買力大約相當於人民幣七百元。也就是說，榮國府一頓飯花了今天人民幣一萬四千元左右。注意，這還是家宴，這個錢數就等於只是食材的價格，看來榮國府確實很有錢。

榮國府吃飯已經夠貴了，但還有更貴的，那就是清朝官場上的公款宴請。道光年間，陝西糧道張集馨經常接待各地官員，每次公款宴請的花費都在兩千兩銀子以上，並且他還留下了詳細的公款吃喝記載：「每次皆戲兩班，上席五桌，中席十四桌。」上席必須有燕窩燒烤，中席必須有魚翅海參。每席還要有活魚、白鱔、鹿尾。張道臺的職位拿到今天來算，比市長大，比省長小，差不多相當於今天的副省級官員。這傢伙一次公款吃喝就花掉兩千兩銀子，以乾隆年間一兩銀子合人民幣三百五十元計算，張道臺這一次公款招待就花了人民幣七十萬。人民幣七十萬元吃了十九桌飯，算下來一桌要人民幣三萬多元。嗯，可能是酒比較貴，一桌五瓶茅台，人民幣一萬塊沒了。

53 古人如何「存」錢

古人講究「財不外露」，可那時候又沒有銀行能存錢，古人都把錢藏在哪裡呢？普通人家沒有多少錢，就把少量的銅錢穿成串掛在房樑上，隨用隨取。古代小偷也被稱為樑上君子，為啥小偷愛上房樑呢？因為房樑上有錢。

古代還有類似存錢罐的小型儲錢物件，叫做「撲滿」。撲滿一般為陶製或瓷製，形狀像一把沒有嘴和把手的茶壺，也有動物造型的，跟今天的儲錢罐很像。撲滿上方有一條短而窄的小孔，用於投幣。有的撲滿腹部還有一個凸起的環，用於拴繩子以便懸掛在房樑上。之所以叫撲滿，意為「滿則撲之」，即「裝滿了就敲碎取用」。撲滿在秦朝就已出現，在漢唐時流行。今天的臺灣依然將儲錢罐稱為撲滿，歌曲《孤單北半球》裡就唱道：「記得把想念存進撲滿。」

對於富裕家庭，家財萬貫，撲滿顯然是裝不下的，於是，古人就發明了撲滿的升級版——儲錢罈子。把錢財裝進罈子，封好口，埋在自家院子或附近的隱祕處，等今後需要用大數目錢財時，再挖出罈子支取錢財。撲滿相當於「零存整取」，儲錢罈子則相當於「定期存款」。

古人埋罈子的時候還會在上面做一番偽裝，最搞笑的方法就是在上面立塊牌子，寫上「此地無銀三百兩」。還有一種「多層掩埋法」——將裝有大量錢財的罈子深埋，再將裝有少量錢財的罈子埋在其上方淺層。這樣一來，盜賊即便挖掘，往往也只能發現淺層的銀子。民國時期的上海名醫陳存仁家中分家析產，通過記載得知家裡藏了二十罈銀子，但最初只挖出了八罈。剩下的十二罈哪兒去了？家人又擴大挖掘面積，將房前屋後挖了個底朝天，也沒能挖到。後來有經驗的長輩提醒，在挖出八罈的地方繼續往下深挖，最後果真又挖出了埋在深層的十二罈銀子。看來古人挖儲藏的銀子，真的要掘地三尺啊！

對於土豪家庭，罈子也會不夠用，所以又有了罈子的升級版——錢窖。他們選擇自家宅院裡最安全的地方挖錢窖，窖口狹小隱蔽，內部空間與地窖類似，可存放上噸的錢財。二〇一〇年在陝西華縣就發現了一個宋代遺留的錢窖，出土了數噸銅錢。錢窖裡的錢財怎麼還會被遺忘呢？其實歷史上這種事並不少見，多是因為政治動盪或家族變故。例如有的大戶人家被抄家了，就掩埋了錢窖，想等他日再回來取，卻再也沒了機會。又比如戰亂突襲，舉家被迫搬遷，來不及帶走的錢財被遺落在錢窖裡。陝西發現的這個宋代錢窖，很有可能就是因為當年金軍南下，主人慌忙南逃，因而最終被歷史的滄桑呼嘯掩埋。

古時候也經常發生在老宅裡挖出前人儲藏錢財的事例，特別是在那些歷史悠久的古城。古代沒有「挖出文物上交國家」的規定，在自家宅院裡挖出來的財物都歸個人所有。宋代的洛陽就經常發生因為在宅院裡挖出前代遺留的財物而暴富的事，以至於當時洛陽人買房子還要額外交一筆「掘屋錢」，給賣房人作為可能挖出錢財的經濟補償。文獻記載：「地內多宿藏，凡置第宅，未經掘者例出掘錢。」

除了深埋，古人還有許多奇葩的藏錢地方，比如說牆壁的夾層裡。《漢書》記載，秦朝焚書坑儒時，孔子的後裔將古籍藏到孔子故居牆壁夾層中才得以保存。後來有錢人就用這個辦法來藏錢，一直沿用到晚清民國時期。我還聽說過一種清朝時晉商的奇葩存錢方式，就是將銀子熔化後灌進地板，這樣肯定丟不了。

近年，大陸經常有老屋拆遷牆壁發現錢財的新聞。二〇一四年，廣東雷州一農村祖屋被颱風吹倒，清理斷壁殘垣時在牆壁夾層裡意外發現了二十九枚清末民初時期的銀元，價值數百萬。二〇一六年，山東一座老屋拆遷，牆壁夾層發現大量銅錢，價值高達千萬。如果你的家中有老宅祖屋，不妨拆開牆壁看看，沒準兒你就會一夜暴富。

54 古人一年要交多少稅

作為一國之國民，就要納稅，古今中外皆如此。那古人一年要交多少稅呢？我們將以漢朝為例來計算一下。

歷史教科書總說漢朝稅賦低，其實低的只是田租一項。漢朝老百姓需要交的賦稅有很多種。第一部分是「田租」，屬於土地稅，你有多少田產，就要交多少稅。田租一般交東西，例如穀物和芻稿，芻稿就是草料。我們一般說的漢朝「十五稅一」或「三十稅一」，指的就是這部分的稅率。田租在全部賦稅中只占小部分。第二部分是「賦」，賦屬於人頭稅，按你家的人口數量交。不同的人，交的標準不一樣。三至十四歲的少年兒童，交口錢，每人每年交二十三錢。十五歲就被看作成年人了，要交算賦，每人每年交「一算」，一算為一百二十錢。算賦要交到五十六歲。如果你家養奴婢了，每個奴婢每年交兩算，這筆錢是需要主人交的。養奴婢加倍交算賦的做法是為了抑制豪族大戶蓄養奴婢，使自由民減少從而影響國家財政收入，同時也是為了抑制家族豪強勢力。如果是商人家庭，也要加倍，每人每年交兩算。這是重農抑商的表現，怕大家都去經商影響農業生產。最悲慘的家庭是家裡有大齡剩女的，漢惠帝時規定：女子從十五歲到三十歲還不出嫁的，加倍徵賦，最高可達五算。這麼做是為了鼓勵結婚，多生育人口。剩女到了三十歲就不用加倍交算賦了，因為國家也明白：過了三十歲還沒嫁出去的，這輩子可能都嫁不出去了。

第三部分是「更賦」，屬於代替自己服役的「免役稅」。那時的成年男子每年都要給國家服役，比如服「更卒」，就是一年給當地政府義務勞動一個月，挖個水渠，修個城牆。服「正卒」就比較坑了，要去首都給朝廷當兵。好在這種正卒一生只服一次，一次一年。最坑的要屬服「戍卒」，每年都要去邊境戍邊三天。你家離邊境近還行，離得遠就慘了，戍邊三天，路上來回都得走幾個月，所以漢朝政府就出了個法子：你不去戍邊也可以，但得交錢，國家花錢雇人替你幹，一年一次三百錢。

漢朝老百姓還要交「獻費」，獻費獻給誰呢？當然是皇帝。皇帝天天操勞國家社稷，時時惦記天下蒼生，「孝敬皇帝」難道不是應該的嗎？這就是皇權專制社會下的狗屁邏輯。漢朝的獻費是每人每年六十三錢。

除了以上按照田產和人口數交的稅外，還有以家庭為單位交的「戶賦」，以家庭為單位，每戶每年交二百錢。

另外，還有特殊商品消費稅。漢朝時實行鹽鐵官營政策，因此與人們生活息息相關的鹽是國家專賣，價格很貴，買鹽就是變相向國家交稅。

一個五口之家生活在漢朝，假設家中有兩兒一女，一年交的賦稅加起來大約在兩千錢，另外還要上交糧食產量的百分之七。當然，這個交稅總額是在你家沒有剩女的前提下。如果你有一個成年還嫁不出去的女兒，交的稅更多。

那漢朝的一個家庭收入是多少呢？根據鳳凰山十號漢墓出土的竹簡來看，一戶家庭最多能有五十畝地，漢朝一畝地的糧食產量大約是兩石，所以一戶家庭一年大約有一百石的收入。這是比較富裕的家庭了，要知道，當時一個縣令的收入也就是一年四五百石。再按照糧價換算，收成比較好的年頭，一石糧食大約是五十錢。一百石就是五千錢，再交給國家兩千錢，稅收達到了百分之四十左右。你可能覺得這個稅率太高了，但秦朝時徵收的是「泰半之賦」，意思是稅收達到個人總收入的三分之二。與秦朝相比，漢朝的賦稅真的算得上「輕徭薄賦」了。

55 古代哪個行業最賺錢

俗話說「敲鑼賣糖，各幹一行」。古代也是行業眾多，唐朝時就有三十六行的說法，後又延伸出七十二行和三百六十行的說法。這些都只是行業種類的約數，實際上遠不止這些。這麼多行業裡，哪一行的生意是最賺錢的呢？

很多人首先會想到清朝的廣州十三行。的確，清朝實行閉關鎖國的政策，只授權廣州十三行做對外貿易，其經營的是壟斷性業務，所以利潤非常高。十三行的行商們，個個都富可敵國。總行商伍秉鑒，在道光十四年時的資產已達兩千六百萬銀元，折合白銀兩千萬兩左右。要知道，當時清朝政府一年的財政收入也就四千萬兩左右。《華爾街日報》對伍秉鑒的評價是「擁有世界上最大商業資產的天下第一大富翁」。可見，伍秉鑒就是那個時代的世界首富。

壟斷性的對外貿易只存在於特殊時期，是特殊體制造就的產物，不具有普遍性。而在古代常見的行當裡，最賺錢的應是販鹽。

鹽是維持人生命的必需品。在沒有冰箱的古代，鹽可以醃製食物使其減緩腐敗變質。鹽在古代的戰略地位，類似於今天的石油，而且鹽不是每個地區都出產，因而具有稀缺性，所以，古代的產鹽地就像今天的中東產油國，閉著眼睛都賺錢。

這麼賺錢的行業，古代政府是不會放過的，中國很早就對鹽實行官營了。春秋時，齊國之所以強大，很大程度是因為實行了管仲的「官山海」政策，國家專營鹽業，「便魚鹽之利」。戰國時，秦國商鞅變法，也有相似的政策。漢朝初年，鹽業開放民營，很多販鹽的商人成為巨富豪強，富比王侯，讓中央政府極其擔憂。漢武帝時，長年對外戰爭，國家財政吃緊，又開始實行鹽業專賣，即「鹽鐵官營」政策，由官府直接組織食鹽生產、運輸和銷售，禁止民營。漢朝政府獲得巨大利潤，這才緩解了連年戰爭導致的財政危機，另外，也一定程度上抑制了地方豪強勢力。以後的歷代政府，都對鹽業嚴格管制。在很多朝代，販賣私鹽是和謀反一樣的重罪。儘管如此，依然有許多亡命之徒冒著殺頭的風險販賣私鹽，因為利潤實在太高了。

私鹽的利潤率有多高？根據《續資治通鑑長編》記載，北宋時，政府在陝西壟斷經營的青海鹽售價是每斤四十四文，而在青海產地的價格每斤僅為五文，開採成本則更低。一般情況下，售價是成本的二十倍甚至更多。在今天，這個利潤率估計也只有販毒能達到了。

暴利之下，私鹽販子自古便富可敵國，甚至有些私鹽販子靠販賣私鹽起家，然後組建軍隊，起義造反。比如隋末的程咬金、唐末的黃巢、元末的張士誠，都是販鹽出身的農民起義領袖。

到了明清，政府對鹽業改為特許經營，給商人發放「鹽引」，類似今天的特許經營許可，憑鹽引可在鹽戶那裡合法收購食鹽，然後再轉運倒賣。食鹽低價買高價賣，日進斗金不在話下。為了獲得鹽引，鹽商需要承擔官方分配的任務，比如向軍區運送軍糧。當然，鹽商也需要向主管鹽業的官員巨額行賄。清朝主管鹽業的官員是各地的「鹽道」，也是「最肥」的官職。

明清兩朝的鹽業，是官商勾結獲取暴利的典型行業。當時盛極一時的晉商和徽商，就是在鹽業特許經營制度下靠官商勾結而起家的。徽商販鹽產業的集中地是交通便利的揚州，揚州鹽商有著極高的智商和情商，能夠牢牢抓住統治者的心理，時刻想方設法討好權貴。乾隆皇帝七次下江南，揚州鹽商都主動請纓負責接駕事宜，把乾隆伺候得非常舒服。乾隆在位時有個叫鮑志道的鹽商，他在擔任淮鹽總商的二十年間，共向朝廷捐銀兩千餘萬兩、糧食十二萬餘擔，受到政府的多次嘉獎。伺候好了權貴，自然能獲得權力的庇護從而賺錢，揚州鹽商正因深諳此道才成為明清時期最富有的商人群體。

56 古人有夜生活嗎

古代中國是傳統的農耕型社會，大部分人遵循著「日出而作，日落而息」的作息時間。在先秦時就已經有的十二時辰計時法中，晚上九點開始的亥時又名「人定」，意思是人得定住了，該睡覺了。其實古人也不是天黑了就馬上睡覺，多少還是有點夜生活的。不同階層的人，夜生活的豐富程度也不盡相同。

對於廣大農村民眾而言，天黑後就大多都睡覺了，畢竟那個時代照明太貴了，無論是油燈還是蠟燭，都是普通民眾消費不起的，蠟燭得到明清時期才能進入平民階層。所謂的「挑燈夜讀」，那都是古代有錢人家的生活方式。小說《阿Q正傳》裡，富裕的趙家人為了節省燈油，到了晚上也不經常點燈。

平民人家如果睡不著，最普遍的夜生活就是藉著月光家人一起嘮嗑。內容比較正經的叫「講古」，長者們往往會給後生們講講歷史故事和禮儀規範，有時候還會講一些人生經驗。長者們談笑風生地講古，不光能打發時間，還有社會教化的作用。正所謂「老人不講古，後生會失譜」。內容不正經的嘮嗑就是講各種鄰里八卦，故事笑話，或者一些葷段子，統稱為「講白話」。「講白話」的內容中，最受歡迎的是民間志怪鬼故事，以及嘲笑諷刺「傻子」的笑話，獵奇與娛樂是古今人皆有的通性。嘮完嗑後大家就都上床了，如果還不睡覺，可以「為愛鼓掌」，除此之外，並無其他娛樂方式。

城裡面稍微好一點，晚上還能聽一聽巡夜人員打梆子的聲音，提醒你注意防火防盜。唐朝之前，城裡人想晚上出去逛是不可能的。因為那時有嚴格的「夜禁制度」，晚上出去上街會挨揍的。唐朝法律就規定：諸犯夜者，笞二十。《三國志》裡記載，曹操當年執法嚴格，靈帝寵愛的宦官蹇碩，其叔父晚上出來溜達，犯了夜禁，被曹操處死，從此都城就沒有再敢犯夜禁的了。此事足以看出古代的夜禁制度的嚴格。統治者之所以嚴格夜禁制度，是為了防止違法犯罪和民眾造反，根本上是為了維護君主專制體制。唐朝中後期，隨著社會經濟的發展和政府控制的鬆弛，夜禁制度逐漸廢弛。根據學者考證，揚州城是第一個廢止了夜禁的城市。

到了宋朝，夜禁制度徹底取消，北宋都城開封徹底成為不夜城。每至傍晚，夜市開始，民眾可以到酒樓茶坊欣賞音樂舞蹈，有點類似今日的演藝類酒吧夜總會。《東京夢華錄》記載：「凡京師酒店門首，皆縛彩樓歡門……向晚燈燭熒煌，上下相照。濃妝伎女數百，聚於主廊檐面上……」開封城裡，夜晚最繁華的要屬馬行街，燈火通明，人聲嘈雜，煙霧繚繞。蚊子最怕燈油，所以馬行街連蚊子都沒有。那裡娛樂場所眾多，除了曲藝之外，賣卦、喝故衣、探博、剃剪、紙畫、令曲、講史等各類娛樂遊戲應有盡有。宋朝夜市還有很多地攤，二十文便能買一份小吃，合人民幣十來元錢。這些夜市的營業時間很晚，有的營業到凌晨，等收攤的時候，早市營業者已經出攤了。古人這種幸福的夜生活只在宋朝持

▲ 古代的夜趴（出自顧閎中《韓熙載夜宴圖》）

續了三百年，元朝重新開始夜禁，明清循之，於是古人的夜生活又復歸沉寂。

儘管古代常有夜禁，但權貴階層在自家還是可以通宵娛樂的。他們晚上開夜趴，辦酒會，還有各種海天盛筵。歷史上最為著名的豪門夜趴，要屬南唐兵部尚書韓熙載的夜宴了，其場面還被記錄到名畫《韓熙載夜宴圖》裡。韓熙載的夜趴裡，有琵琶獨奏，有六么獨舞，有管樂合奏，場面非常熱鬧。參加這場夜趴的，不光有官員權貴，還有新科狀元，甚至還有韓熙載的和尚朋友。古代的和尚也愛夜生活啊！其實無論生活在哪個時代，要想過得好，你都得有錢。

57

古人的假期有多少

古人大部分不上班，只有政府官員等少數群體有假期，那他們的假期有多少天呢？

先秦時期的文獻有限，休假制度也無從考證了。但那個時代世卿世祿，官員都是世襲的，當官既是自己的工作，又是日常的生活。既然是為自己幹，放假與否也就無所謂了。

漢朝時，官員每工作五天放假一天，稱為「休沐」。沐，是指洗頭髮，也就是說每五天放假一天讓你回家洗頭髮，順便探親。《史記》記載：「每五日洗沐歸謁親。」為何漢朝把洗頭髮看得這麼重要呢？因為漢朝官員上班是「寄宿」制，平時的吃住都在官衙裡。官衙裡洗頭髮不方便，而古人又都是長髮，五天不洗就得出油，所以每五天放假一天，讓你回家收拾乾淨了再回來為皇帝服務。這樣做，也能提升政府的形象和權威。試想，如果老百姓看見的官員都是鬍子拉碴，頭髮打綹，像叫花子一般，誰還會聽你管？漢朝的休沐就如同今天的週末，中國是最早過週末的國家。

除了休沐假外，漢朝還有節日假。漢武帝時，中國人開始過春節，於是就有了春節假期。

另外，冬至和夏至日也可以放假一天。這樣算下來，漢朝官員一年的假期總共有六十天左右。西漢時，官員還可以花錢買假休。郎官只要出錢給宮中添置財物，就可以出宮購物獲得休假。古代老百姓服勞役時可以花錢免役，郎官花錢買假也類似這個路數。

到了唐朝，官員已經不需要在官署寄宿了，下班後直接回家，於是休沐假自然也失去了存在的基礎。不過考慮到官員為皇帝服務太辛苦，唐朝也給官員放假。由於公務繁忙，休假太多耽誤工作，所以把每五天休一天改成了每十天休一天，稱為「旬假」。那唐朝人的假期減少了嗎？並沒有，雖然例假少了，但節日假變多了。唐玄宗時，頒佈了關於假期的紅頭文件《假寧令》，規定「元正（元旦）、冬至，各給假七日」。這樣，唐朝人比當代提前一千多年發明了「黃金週」。《唐六典》中對官員的節日假記載得非常詳細，除了兩個黃金週以外，寒食節連著清明節放假四天，中秋節、夏至、臘月各放假三天，像立春立冬等重要的季節節點各放假一天。此外還有宗教節日，比如四月初八浴佛節。據歷史學家陳聯陞統計，唐朝的節日假總共有五十三天，再加上平時的旬假，唐朝官員每年的假日至少能達到一百天。

宋朝是中國歷史上生活最舒服的朝代，假期自然也不會短。《文昌雜錄》載：「官吏休假，元旦、寒食、冬至各七日；上元、夏至、中元各三日；立春、清明各一日；每月例假三日。歲共六十八日。」另外，宋朝的地方官衙，每年臘月二十就停止辦公了，叫做「封印」，讓官員準備回家過年。那什麼時候「開印」呢？只要在來年的正月二十前即可。這樣算下來，宋朝官員過年時實際能放假一個月。此外，宋朝還有很多奇葩的臨時假日。比如太祖父親臘月初七去世，就曾放了七天假。仁宗的母親臘月初十生日，就曾放了三天假。真宗時，因傳有「天書下降人間」的祥瑞之事，又將正月初三日定為「天慶節」，放假五天。這樣算下來，宋朝的實際假期加一起比唐朝還要多一些，真心感覺宋人的生活幸福指數達到了古代的高潮。

到了元明清三朝，中央集權進一步發展，為了加強對社會的控制，官員工作自然不敢放鬆，旬假逐漸淡化甚至一度被取消。節日假也少得可憐，明朝《古今事務考》中說：「國朝正旦節（元旦）放假五日，冬至三日，元宵十日。」最恐怖的是朱元璋時代，他自己是個工作狂，因此也不許員工休息，一年只放假三天。綜合各種說法，明清兩朝每年的假期最多不超過五十天。

縱觀古代假期長短的變化，本質上體現的不光是統治者人性化的增減，也是朝廷對社會管控程度的變化——越是專制的時代，就越需要加強對社會的管控，官員的假期也就越少。

58

古人如何寄信

「烽火連三月，家書抵萬金。」在通訊技術落後的古代，寄信是最常見、最重要的資訊通訊手段。那古人是如何寄信的呢？有人會想到古代的驛站系統，遍佈全國，高效快捷，還有「五百里加急」，但你想多了。驛站是專門給皇家和官府使用的，跟平民沒有關係，那個時代「不為人民服務」。

作為普通民眾，寄信最常見的方式就是找熟人捎帶。

古人一般不出門遠行，除非特殊情況，比如說書生趕考。如果是秀才去考鄉試，一般去省城，這樣省內信件就可以捎帶了。如果是舉人考會試，那就得進京了，基本上半個中國都能捎帶了。

▲ 古代的郵遞員（出自「郵驛圖」畫像磚，甘肅博物館收藏）

官員調轉或進京述職，也可以幫人捎帶信件，前提是你得有個做官的朋友。有的官員朋友太多，出行時幫人捎帶信件也會成為負擔。《世說新語》就有一則故事：東晉有個官員叫殷洪喬，在豫章（江西南昌）做郡守。他從南京述職後回豫章，當地的朋友就托他捎帶信件，好傢伙，一共有一百多封信！到了南京以後，殷洪喬把這些信全扔到了水裡，嘴裡念叨：「沉者自沉，浮者自浮，我殷洪喬又不是信差！」其實這事在今天也有類似的版本：你要出國旅行，突然好多朋友讓你去免稅店幫忙買東西帶回來，給你列了長長一個單子，你說煩不煩？

除了熟人捎帶，寄信的第二種方式是找專門的代理人郵寄。親戚朋友出差可遇不可求，而有的行業則是定期規律性出差，比如說古代的商人群體。商人經常出去行商，走南闖北，速度也快。所以找商人捎帶信件是很不錯的選擇。商人捎帶需要付費，一般是幾十文到上百文不等，折合今天百八十塊錢。送到目的地時，如果收信人熱情好客，還會留捎信人吃頓飯。

另外，古代還有專業的信客，專門以幫人傳遞信件或物品為業，是那個時代的快遞小哥。信客這一職業一直到二十世紀還存在，余秋雨就寫過散文《信客》，對其有細緻的回憶。

古人寄信，都會把信放在密封的細長筒裡面，一般是竹筒，這樣既能保證信件不被損壞，也能保證隱私安全。這種裝信的桶叫做「郵筒」，在唐朝時就有這一稱呼了，並一直沿用至今。

古代還有用飛鴿傳書的，但成功率比較低。距離近一點的還行，遠的就很難了，畢竟鴿子沒有衛星定位導航系統。飛鴿傳書一般只能飛單程，寄信人從出發地出來時帶著鴿子，到目的地把信件拴在鴿子身上，讓鴿子飛回出發地送信。你想讓鴿子飛到別的地方送信？不好意思，鴿子做不到啊！另外，有些地方的人愛吃鴿子，鴿子送信途中甚至可能「因公殉職」。王老師生活的城市長春，旁邊有個伊通縣就以燒烤鴿子聞名，很難有鴿子能夠活著飛過伊通的上空。雖然飛鴿傳書成功率較低，但古人也有提高成功率的辦法，用多隻鴿子傳遞內容相同的信件，活著飛回去的機率就大了。

在家書抵萬金的時代，收到家人或朋友的信件是十分不易的事，所以才會倍感幸福，這種幸福感在通訊發達的今天是很難體會到的，所以古人倍加珍視信件背後所帶來的情感慰藉，那才叫「紙短情長」。在車馬慢的時代，情侶間寫一封信寄出，收到時可能已過去半年，因此那個時代「一生只夠愛一個人」，不像現在，手機隨時可以撩一撩，半年時間都談完好幾場戀愛了。

59 古人如何運輸「加急快遞」

「一騎紅塵妃子笑，無人知是荔枝來。」大家都知道楊貴妃愛吃荔枝，然而在交通並不發達的古代，楊貴妃的荔枝是怎麼運輸的呢？

首先我們得先瞭解荔枝的運輸距離。楊貴妃吃的荔枝，可能有兩個產地，一是巴蜀，二是嶺南。巴蜀是今天的四川和重慶一帶，唐朝時那裡的氣候比現在暖和，盛產荔枝，楊貴妃吃的荔枝可能產自合江或涪陵。嶺南即兩廣和海南一帶，至今依然是各種水果的重要產地。楊貴妃當時住在唐朝的都城長安，巴蜀到長安的距離相對還算比較近，有二千多公里，北上越過秦嶺就可到達。儘管如此，唐玄宗為了心愛的人能更快一點吃到荔枝，還動用國家力量，為運送荔枝修建了「高速公路」。早在秦朝時，為了加強對地方的控制，全國就已修建起四通八達的國家級道路。之後的歷代王朝又沿用並擴建，組成了中國古代的全國道路交通網。其中很重要的一條就是從長安南下子午谷，翻越秦嶺，通往漢中、巴蜀的「子午道」。唐玄宗就是在子午道的基礎上，修整開闢出一條更為便捷的路線，並沿途設立驛站，用來運輸荔枝，所以歷史上又稱之為「荔枝道」。

「荔枝道」上的最快運輸速度有多快呢？當年安祿山在范陽起兵造反，范陽到長安郊外的華清宮相距一千五百公里，六天之後，唐玄宗就得知了這一消息，可見當時最高的行路速度可達每天二百五十公里。「荔枝道」運送荔枝的速度應該和這個差不了太多，一千多公里的路程，快馬加鞭五天也就送到了，只怕會累死狂奔的「皇家快遞小哥」。

快馬運輸，道路會很顛簸，荔枝很容易就會被擠壓成「荔枝汁」，而且荔枝收穫時節的天氣很炎熱，搞不好就會腐爛變質，但楊貴妃吃到的荔枝是新鮮完好的。《新唐書》記載：「妃嗜荔枝，必欲生致之，乃置驛傳送，走數千里，味未變已至京師。」當時是怎麼做到保鮮運輸的呢？王老師看過兩種說法。

第一種是「竹筒保鮮運輸法」。採摘下的新鮮荔枝，連枝帶葉放於竹筒中並用泥巴密封，這樣運輸既保鮮又防壓。第二種運輸法更為用心，可稱「木箱低溫運輸法」。製作一個帶夾層的木箱，在夾層裡填充棉花和羊毛，將新鮮的荔枝和冰塊一起放入木箱內部並密封，便可保證運輸時箱內低溫保鮮。此方法堪稱世界上最早的冷鏈運輸技術，通過這種方法運輸到長安的荔枝，色香味俱全。

楊貴妃也吃嶺南的荔枝。兩廣地區光照時間長，荔枝的味道更甘甜。《新唐書》中便有楊貴妃吃嶺南荔枝的記載：「楊貴妃嗜鮮荔枝，嶺南節度使張九章乃置騎傳送，奔走數千里至京師。」多說一句，這個張九章，就是那個寫出「海上生明月，天涯共此時」的大詩人張九齡的弟弟。楊貴妃得寵時，各地官員爭相進貢，張九章因進貢荔枝得到了皇帝的垂青，官至戶部侍郎。可嶺南到長安得有二千多公里的路程，前面說過，唐朝最快的運輸速度是一天二百五十公里。二千多公里的路程，得要十天的時間，荔枝爛了怎麼辦呢？一種比較可靠的推測是「荔枝樹整棵運輸法」：在荔枝將熟還未熟時，就連根帶土地將整棵荔枝樹移植到盆裡，然後用船水運北上。快運到長安的時候，荔枝也快熟了，這時將荔枝摘下，再用驛站快馬加鞭運到長安。

看來，古代皇帝撩妹子也是個技術活。但楊貴妃也因愛吃荔枝而背上了歷史黑鍋，包括杜牧在內的一大票人，恨不得將唐朝的衰敗都歸咎於楊貴妃。其實嶺南進貢荔枝的歷史在漢高祖時就開始了，那時的南越王就進貢過荔枝。到了漢武帝時，還曾將荔枝樹移植到長安上林苑，但長安氣候養不活荔枝，漢武帝因此還殺了看護荔枝樹的人。一直到清朝乾隆時，還有福建進貢荔枝的記載。帝王們吃荔枝沒事，楊貴妃吃荔枝就國將不存，這是什麼道理？紅顏禍水的根源還是在於她們背後的男人，女人只是背黑鍋的而已。

60 古人出行如何認路

今天我們去陌生的地方旅行，無論是開車自駕，還是背包步行，都不用擔心迷路，因為現在的導航設備太發達了。就在十幾年前，還沒有這樣發達的導航設備，司機開車遠行，只能靠隨身攜帶的道路交通圖。到了陌生的城市裡，如果想找一個具體的地方，地圖又沒有詳細標註，那你就得找嚮導了。那時候，大陸每個城市入城的公路旁，都會有許多「職業嚮導」，手持一張白紙站在路邊招攬生意，紙上寫著「指路十元」之類的。這種嚮導一般都是當地人，對當地的道路交通非常熟悉。

那在沒有導航且交通欠發達的古代，古人出行是如何認路的呢？

古代的交通工具落後，但道路交通網還是比較普及的。秦朝統一天下後，為了加強對全國的控制，正式建成了連接全國的道路交通網，將以前各諸侯國的主幹道路連接起來，並將道路的標準和車軌寬度統一，這就是「車同軌」制度。以後的歷朝歷代都沿襲了秦朝的做法——江山要想坐得住，先修全國高速路。

這種政府主持規劃並修建的道路，古代稱之為官道，也做傳遞官方資訊的驛道使用。官道的骨幹以都城為核心，向地方最高一級的行政單位和大都市輻射。幹線下面又有若干分支，連接地方上所有的城鎮。以清朝為例，官道分為三個等級。第一等級是「官馬大路」，從都城北京向全國輻射，是通往各大省城的官道幹線，這類道路相當於今天的收費高速公路。第二等級是「大路」，主要從省城通往該省下轄的各重要城市，類似今天的國道。第三等級是「小路」，從大路或各重要城市通往下屬城鎮，相當於今天的省道。所以，沿著官路走，基本能到達全國各個城鎮。

那古人怎麼能知道官路的分布和走向呢？靠的也是交通地圖，古時候叫做「路程書」。特別是宋朝以後，由於商品經濟的發展，大量商人要在全國走南闖北，需要有具體的道路指導，各類水陸路程書和地圖就應運而生。路程書記載主要道路的分布和走向，為人們的出行提供了極大的方便。明朝時最著名的路程書是《一統路程圖記》，它既是一部路程書，也是一部行商指南。另外，官員進京述職，也需要路程書和地圖指導趕路。據《古杭雜記》記載，宋朝時「驛路有白塔橋，印賣《朝京里程圖》，士大夫往臨安，必買以批閱」。

使用路程書和地圖的時候，要如何識別路線方向正確，不走偏呢？古代的主路兩旁都栽有樹木，可以以此辨別道路的走向。《國語·周語》載：「列樹以表道。」路旁栽樹的目的，一是能夠方便過往路人庇蔭納涼，二是表明路的走向。所以，只要沿著規則排列的樹木走，基本不會跑偏。

那如何判斷走了多遠呢？古代的主要官道上，官府會沿途每隔一段距離就建一座驛站。唐朝時，全國「凡三十里一驛」；宋元兩朝，六十里一驛；明朝時，六十里或八十里一驛。驛站的功能類似於今天的高速公路服務區，裡面可以吃飯、住宿、換馬等，但只為官府服務。儘管一般民眾不能享受驛站服務，但可以根據驛站判斷行路的距離和此刻所處的位置。今天我們在高速路上行車時，就可以通過里程牌來判斷目的地的距離，而古代也有類似的「里程碑」。至少從東漢開始，官道上就已經設置了用於判斷距離的「堠」。堠是一座小土堆，每五裡設置一座，當作判斷距離的標記，是為古代的「里程碑」。

在岔路口如何判斷走哪條路呢？古代也有類似路標的指示牌。在湖南邵陽地區，至今還有古代遺留下來的道路指示牌，叫做「擋箭碑」。「擋箭碑」立於道路交叉口，碑上有字，會標明左走某處、右走某處、前面是哪方、後面是何地。如果沒有路標，最笨的辦法就是到路口找人問路，一般重要道路的交叉口都是交通要道，即便沒有驛站，也會有人煙。還需要說明的是，古人出行不太愛走陸路，如果有水路能走，一定不會選擇陸路，特別是隋朝開通大運河後，南北行走的商人，大多會選擇到運河沿線的碼頭乘船趕路。如果是走運河，基本上就不會走丟，畢竟沒有跑偏的機會。

61
古人上學要花多少錢

隨著大陸改革開放以來經濟社會的迅速發展，人們對美好生活的嚮往也越來越強。為子女創造良好的教育條件是每個家長的心頭大事，為此買學區房，報才藝班，各種「為孩子的明天」努力。也正因此，教育費用成為許多家庭開支中的大頭兒。那麼，古代的學校什麼樣？學費貴不貴呢？

中國古代的學校分為兩大系統，一是官學，二是私學。

所謂官學，是指中央朝廷和地方各級官府直接創辦和管理的學校。中央級別的官學，就是我們經常聽到的太學和國子監。地方官學，就是各級行政區劃內官府辦的學校，又稱鄉學或學宮。《周禮》稱：「鄉有庠，州有序，黨有校，閭有塾。」庠、序、校、塾就是古代地方各級學校的名稱，後兩個名稱我們熟悉，但前兩個名稱大部分人是不知其含義的。記得讀大學時，我們歷史學院大廳有面鏡子，上面漆有四個字「蔭澤庠序」。當時大部分同學都不認識第三個字，更別提理解這句話的意思了。後來我們終於明白了，這就是蔭澤學校的意思。

西周時，中央和地方的各級官學就已經蓬勃發展，形成了「學在官府」的傳統。官學本身，既是學校，也是政府機構，教師也是由官員兼任。西周的官學是不收學費的，以後歷朝歷代的官學也大多免費。那官學的經費來源是哪裡呢？主要是靠政府撥款，還有士紳商人的捐贈。宋朝時，由於人口數量龐大，官學學生太多了，光靠撥款和捐贈難以滿足官學開支。於是，宋朝開創了一種「學田」制度。所謂學田，就是國家撥給學校或者學校自行購置一定數量的土地，作為學校的固定資產並租給附近的農民耕種，所獲得的收益就可以用作官學的開支。後來中央的國子監也開始實行學田制度。學田制，為以後各朝各代教育經費問題的解決提供了範例，保證了官學的免費就讀。

官學不光免費就讀，有時候還能領到一些零用錢。比如宋代的太學，不光免學費，吃住也免費，學生每月還可領一千文。宋代一千文，其購買力大約合人民幣八百元，這些錢現在的大學生也夠花了，要知道，這是除了吃住以外的純零用錢。當然，在古代能上官學也是很不容易的。初期，官學就讀的大多是貴族子弟，屬於權貴階層；唐宋之際，官學開始向平民子弟打開大門，但得是學習特別好的才俊。古代官學的免費，有點類似於二十世紀九十年代之前的大學免費。那時候讀大學，不光免費，還管吃管住，畢業還分配工作。

需要注意的一個現象是，古代的官學也會收一些自費生，比如漢代的中央太學有兩類學生，「正式生」和「特別生」。正式生由中央直接選拔入學，屬於公費生，政府還發俸祿；特別生由地方選送到太學，屬於自費生，儘管也不需要交學費，但沒有俸祿，食宿費用需要自理，所以，太學中有些貧寒的子弟，需要一邊學習一邊做小工，這就跟今天的打工上學類似。

接下來我們再看看古代私學的費用。

私學的開創者是孔子，他提出「有教無類」的教育思想，給了普通大眾讀書的機會。私學的老師不是政府官員，國家財政也不支付其工資。古代官學的老師相當於今天有編制的教師，而私學教師沒有編制。私學類似今天的補習機構，上學得交學費，孔子定的學費標準是十條束脩，束脩就是肉乾，類似今天的臘肉。這個價格說貴不貴，說便宜也不便宜，因為那個時代吃肉還是不容易的。那如果交不起肉乾，是不是就沒有機會上學了呢？也不是。老師也可以不收你學費，但你得幫老師家幹活，以工代費，有點像今天導師帶研究生的意思。

後來私學漸漸普及，運營模式也成熟起來。私學的經費來源也趨於多樣化，有地方士紳的捐贈，還有政府的補助，所以個人繳納的學費也逐漸降低，普通家庭也能承受得起了。

以明清為例，一個學生讀私塾的費用一般為每年八十斤到一百二十斤小麥。這個數量，當時半畝地的產出就足夠了。清朝人口劇增以前，一戶中等自耕農的家裡大約能有五畝地。這樣算下來，一個學生的上學費用約占到全家年收入的十分之一。

62 古人上學累嗎

中國自古就是一個重視教育的國度，這也是我們的文明之所以能夠生生不息的原因之一。那古人上學累嗎？咱們就來考察一下。

漢朝時的中央官學是太學，其教學制度並不是很嚴格。沒有規定畢業年限，也不注意考勤，上課和學習都比較隨意，但太學非常注重考試，用考試的方法督促學生自主學習。這一點跟今天西方的大學比較像，學校不重視日常出勤，鼓勵學生自主學習，在考試上見分曉。漢朝太學的考試是一年一次，也叫「歲試」。歲試的考試方式叫「設科射策」。考試前，考官將寫有考題的竹簡根據難易程度分為兩科，學生根據自己的水準選擇一科，然後進行抽籤選題。抽籤的方式很有趣，考生任意投射案上的試題竹簡，射中哪個就答哪個，有點像今天公園裡的套圈遊戲。經過歲試，成績好的可以授官，成績不好的勒令退學，成績一般的就繼續留在太學讀書。這麼看來，漢朝人讀書完全靠自覺，具體累不累要看個人。

到了唐朝，中央官學的模式大體上與漢朝類似，但考試的頻率大幅度提高。唐朝的考試有旬考、月考、季考、歲考等諸多名目。今天的中學生也有週考、月考、期中期末考、模擬考等，真可謂「古風猶存」。另外，唐朝有嚴格的勸退制度，連續三年考試不合格、在校九年未畢業、曠課太多等情況都會被勒令退學。考試多，規矩多，所以唐朝學生真的比較累。也許是太累的緣故，唐朝設立了固定的假期。每十天休一天的叫「旬假」，類似今天的週末。「田假」和「授衣假」一次休十五天：田假在農曆五月，讓你回家幫助幹農活；授衣假在農曆九月，讓你回家準備冬季衣物。「田假」和「授衣假」類似今天的寒暑假。

隋唐時建立了科舉制，極大加重了古代學生的學業負擔。為了考科舉，學生們都是日夜苦讀，因此唐朝之後的學生上學只能更累。

官學如此，私學也不可能輕鬆。私學的師資和平臺都比不上官學，學生得付出更多的努力，但是私學沒有統一的教學制度標準，各類私塾、書院都是自行安排作息時間，一般天亮即入學，下午放學。儘管放學比今天早，放學後的作業卻很多。古代科舉考試需要熟背經典文獻，所以大家放學後得繼續背書。必背的儒家經典「十三經」，原文和註釋加起來有六十多萬字，這可不是今天背幾首古詩和幾篇文言文能比的。明代文人謝肇淛有「夜讀書不可過子時」的名言，子時是現在的晚上十一點到次日凌晨一點，說明那個時候讀書到凌晨是普遍現象，所以才會有這種勸告。

要說古代上學最累的，還得是清朝的皇子群體。清代史學家趙翼曾大發感嘆：「本朝家法之嚴，即皇子讀書一事，已迥絕千古。」清朝皇子六歲即入學，十五歲封爵後方可畢業。每天天不亮就要進宮，比上朝的大臣還要早，因為要比老師早到一個小時溫習前一天的內容。每天的課程也非常繁重。早上五點就要開始上第一節課，類似今天的外語課，學習滿語和蒙古語，有時還要選修一些藏語和維吾爾語。第二節課是漢文課，類似今天的語文和歷史，不但要學儒家經典著作，還要學《史記》、《漢書》等官修史書本朝先輩的創業史以及先帝留下的聖訓。這節課時間最長，要從早上七點多到下午三點左右。最後是體育課，要學騎馬和射箭，下午五點才能放學。每天上學期間除了吃飯時間只能休息兩次，每次十五分鐘。更為恐怖的是，他們沒有週末，沒有寒暑假，一年當中只有五天能夠休息——春節、端午、中秋、皇帝生日和自己生日。即便是大年三十那天，也只能提前放學而已。這種嚴苛的教學模式使清朝皇帝的文化素養都很高，遠高於明朝皇帝。所以，別以為生在皇家就能一輩子吃喝玩樂，在清朝當皇子可沒那麼容易。

63 古代如何參加科舉考試

科舉制自隋朝創立以來，一直是古代知識分子進入仕途和實現理想的階梯，廣大文人對科舉考試也是趨之若鶩。文學作品裡有很多古代文人進京趕考的故事，常常伴隨著人生的大起大落。那科舉考試到底是什麼樣的流程？進京趕考又是怎樣的操作方式？這一篇我們就以明清兩朝的科舉考試為例，真實還原一次古人的「進京趕考」全部過程。

很多人將今天的大學入學考試類比為古代的科舉考試，這種類比並不十分恰當。儘管二者都是考試，其目的性還是有很大區別的。今天的大學入學考試是為了獲得高等教育的資格，古代的科舉考試則是為了獲得做官的資格，所以從考試目的角度看，古代的科舉考試更像今天的公務員考試。然而從參加規模和社會影響力的角度看，科舉考試和今天的大學入學考試又很像，都備受全國矚目，因此大學入學考試的規模和公務員考試的目的合二為一，就更像古代的科舉考試了。

所謂的進京趕考，是指到京城去參加會試和殿試，這已經是科舉考試後半段的內容了。

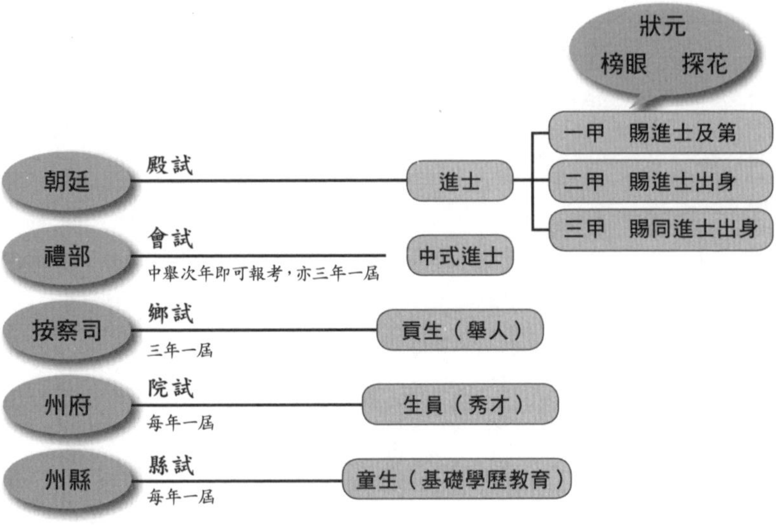

▲ 科舉流程圖

在進京趕考之前，科舉考試還有若干次的資格考試和初級考試。

正式科舉考試之前，考生必須先通過資格考試。這種資格考試被稱為「童試」，童試之後才有資格參加科舉考試的「正試」。童試要經過三個級別的考試，分別是「縣試」、「府試」和「院試」。縣試是古代讀書人參加的第一次官方考試，考試地點為其所在縣，一般由知縣（相當於縣長）主持。縣試一般在每年的農曆二月舉行。考前一個月，縣衙會公告具體考試日期。考生需要提前報名，報名時要提交三份證明材料——「親供」、「互結」和「具結」。親供相當於今天的考生基本資料表，須有祖上三代資料，包含本人姓名、年齡、籍貫、體格、容貌特徵和曾祖父母、祖父母、父母三代姓名履歷，以確保你家是良民世家。所謂互結，是指考生要找一同參考的五位考生寫一份承諾書，承諾如一人作弊則五人連坐，這是古代科舉防止作弊的無奈手段。所謂具結，是請本縣廩生（優等秀才）提供的「認保」材料，證明考生不冒籍、不匿喪、不替身、不假名，而且出身清白，不是娼優或皂吏的子孫，本人也未從事過戲子之類的「賤業」，這一環節類似今天大陸的身家調查。縣試一般考五場，分別考八股文、試帖詩、經論、律賦、策論等，魯迅就曾經參加過晚清的縣試。據魯迅弟弟周作人日記記載，魯迅當年在五百多名考生中排名第一三七名，但在縣試後沒再參加府試，而是去了南京礦務學堂改讀新式學校。

縣試合格者將參加第二級資格考試，叫做府試。府試一般在每年的農曆四月舉行，考試地點在府城，相當於今天的市。府試一般由知府（相當於市長）主持，連續考三場。府試又合格的考生，被稱為「童生」。儘管童生這個名字看著很年輕，但很多讀書人一輩子連童生都很難考過。年紀小的童生可能十二三歲，年紀大的，六七十歲的童生也不少，甚至在有些家裡，爺爺和孫子可能都是童生。

府試合格的童生，接下來要參加「童試」的最後一級考試「院試」。院試每三年舉行兩次，每次連續考兩場。院試的主持者是每省的學政，學政是每省主管官學和院試的官員，其職能相當於一省的教育廳長，但與一般省官不同，學政由皇帝直接從中央委派到地方，其性質類似欽差大臣，級別和地位都很高。學政任期三年，任期內依次到每省下轄的府或州主持院試。

院試通過了，考生的身分就不再是童生了，而是「生員」，俗稱「秀才」。秀才的社會地位比普通百姓高，並享有一些特權。比如見了知縣不用下跪，還不需要服國家的差役和徭役。另外，秀才還有資格進入官學上學，成績最好的被稱為「稟生」，還可以按月獲得國家發放的糧米。考中秀才已經很不容易，按照魯迅參加的那次縣試的人數計算，五百餘名考生最後錄取了四十名秀才，比例不高於百分之八。

雖說秀才已經有了一定的社會地位，但因秀才數量眾多，在社會上也並不算稀罕，而且秀才還沒有資格出任官員，在官本位的中國古代，也沒人太把秀才當回事，頂多是敬重。在《儒林外史》裡，范進考中秀才的時候，他岳父胡屠戶還奚落他「尖嘴猴腮」，絲毫不把他放在眼裡，但當范進考中舉人之後，胡屠戶就馬上變臉了，低三下四地稱范進為「賢婿老爺」，這前後變化的原因來自秀才和舉人身分的懸殊。那秀才如何變成舉人呢？答案是接著考。

考中秀才之後，考生就有資格參加科舉考試的正試了。正試也分三個級別，分別是鄉試、會試、殿試。

鄉試三年舉行一次，一般在天干地支紀年中的子、卯、午、酉年舉行。由於考試時間多在農曆八月，正值秋季，所以鄉試又稱「秋闈」。主考官一般由進士出身的在京翰林或部院官員擔任。考試地一般在省城，有專門的考場，叫做貢院。鄉試共考三場，初九、十二、十五日各一場，每場考一天。放榜在九月，正值桂花開放，所以又稱為「桂榜」。通過鄉試後，考生的身分就從秀才變成舉人。

成為舉人之後，就意味著脫離了平民階層，正式進入了「士」這個階層，可以做官了。舉人不光免役，而且還免稅，所以，很多擁有土地的人寧願將自己的土地放在舉人的名下，用此方式來逃避國家稅收。另外，地方官府不能對舉人用刑，即使犯了重罪，也得上報朝廷革去舉人資格後才能用刑。當然，舉人的考取率也是很低的。有學者統計過：明朝應天府的鄉試錄取率約為百分之七；清朝人口劇增，鄉試的錄取率更是低到了不到百分之二。如果按照魯迅那次童試秀才錄取率百分之八的比例綜合計算，一個讀書人從第一次縣試算起，到鄉試考中舉人，其成功率最多不過百分之零點六。二〇一五年北京考生考上清華北大的錄取率為百分之零點八左右，考舉人比這還難，怪不得范進中舉之後會高興得瘋掉。

考中了舉人，考生還不能忙著高興，得馬上準備鄉試之後的會試。會試一般在鄉試之後第二年的農曆三月舉行，時值春季，所以又叫「春闈」。會試由禮部主持，主考官由皇帝欽定。會試的考試地點在北京的禮部貢院，大多數舉人的生活地距北京路途遙遠，一般鄉試考完的當年臘月就要啟程出發，開始真正的「進京趕考」。

舉人們進京趕考，需要路費盤纏，這些國家會替他們準備好。清朝順治年間，參加會試的舉人會得到國家給予的路費補助，視路途遠近，每人十到二十兩不等。順治年間銀子的購買力高於康熙乾隆時期，這筆銀子的購買力折合人民幣一兩萬元。另外，同鄉的鄉紳地主也會資助路費，一來是對文化的重視，二來是為了結交今後前途無量的官紳階層。與路費同時發放的，還有官府為舉人準備好的路引。在明朝，出行百里以上就得有官府開具的路引，類似於中國計劃經濟時代的介紹信。在專制時代，沒有路引私自外出的人，一旦被發現就會按律治罪。

舉人在出發前還可以到官府領取一面火牌。火牌是使用沿途驛站的憑證，古代的驛站只為官府服務，民眾無權使用，但舉人進京趕考持有火牌，到沿途驛站就可以使用役夫三名，驛站沒有役夫時還會折現給舉人銀子。舉人進京趕考所乘坐的車叫做公車，公車上插有一面黃布（黃色為御用顏色）做成的旗幟，旗上書寫「奉旨會試」或「禮部會試」四個大字，十分威風。看到這面旗幟，沿途所有關卡必須無條件放行，而且不得收取任何過路費。沿路的土匪盜賊看到了這面旗幟也會敬而遠之——倒不是說土匪也重視文化，而是搶劫舉人根本就搶不到幾個錢，且風險極大，因為官府對搶劫進京趕考舉人的案子懲處非常嚴重，畢竟人家是「奉旨考試」。

舉人還可以利用自己的特權賺些路費，比如商人會在行商路上帶上一位舉人，利用舉人免稅的特權逃避沿路稅費。舉人在路上不光吃喝免費，最後還會分到一些錢。還有的舉人利用自己的特權打起了歪主意，夾帶違禁貨品來賺錢。光緒年間有位雲南新平的舉人，進京路上私帶鴉片沿途售賣，共得銀三四百兩。這些都是舉人裡的貪財之輩，終究不占多數。

那到了北京，舉人們住在哪裡呢？有親友的投靠親友，沒親友的可以住在客棧，更多的則住進了「會館」。所謂會館，類似今天各地在北京設立的駐京辦事處，主要用來招待老家來京公幹的官員或趕考的舉人。大部分舉人一進京就直奔本省會館，這裡既安全又方便，伙食也合家鄉口味。因為會館裡經常住一些來京候命的地方官員，所以會館還是舉人們瞭解官場、結交人脈的名利場。

在會館居住複習一段時間後，就要迎來禮部會試了。會試分三場舉行，一場考三天，所以要自備飯食和油燈。考試的時候，一人一個考棚，一個考棚只能容下一張桌子，其空間類似今天廁所一個蹲位那麼大。會試的過程是非常辛苦熬人的。參加會試的舉人，都已經是各省讀書人中的佼佼者、大浪淘沙後的勝利者了，但會試這關仍要殘酷地淘汰掉大多數人。以明朝萬曆五年的會試為例：四千五百餘人參加考試，最終僅錄取了三百人。

會試後的錄取者被稱為貢士，從字面理解，是貢給天子的士。成為貢士後的一個月，考生就要參加科舉考試的終極考試——殿試。殿試由皇帝親自主持，清朝殿試的考場在紫禁城的太和殿，乾隆後改為保和殿。殿試只考一天，考完後由皇帝欽點的閱卷官閱卷。閱卷時，每名閱卷官要閱覽全部試卷，並在試卷上畫代表等第的五種符號，最高等第的符號是圈圈。最後，選出十張畫圈圈最多的試卷，交由皇帝親自審閱並選出前三名。

最後就是放榜公布成績了。所有考生按照成績高低分為三等，分別為「一甲」、「二甲」和「三甲」。一甲就三個人，是皇帝欽點的，第一名稱狀元，第二名稱榜眼，第三名稱探花。二甲一百多人，三甲也是一百多人。看到這裡，大家也看出來了，殿試是沒有淘汰機制的，只是一個排位賽。也就是說，所有參加殿試的貢士都會通過考試成為進士。區別僅在於進士的級別不同，一甲叫做「進士及第」，二甲叫做「進士出身」，三甲叫做「同進士出身」，其實都是進士。

考中進士後，仕途之路便正式開始了。明清兩朝，考中進士後的出路一般有三種。最優出路是進翰林院，翰林院裡高官雲集，也是高官的培養地，前途無量。狀元一般授官翰林院修撰，榜眼和探花授官翰林院編修，分別為從六品和正七品。二甲中一些成績好的，也會進翰林院，擔任庶起士。庶起士並非正式官職，相當於實習生，在翰林院跟高官學習為官之道。進士的次優出路是留在北京到朝廷各部門做官，即做京官。明清時期官場有個說法：「人中進士，上者期翰林，次期給事，次期御史，又次期主事。」翰林是最佳選擇，去不了翰林院也要到中央各部任職。進士最差的出路就是到地方任職，一般從知縣這個級別做起。也就是說，考中了進士，最差也能弄個縣長當。

▲ 考生觀看錄取榜單（出自仇英《觀榜圖》）

以上就是以明清為例的科舉考試全套流程。看完是不是心潮澎湃，也想穿越回去考個進士？但要做好心理準備，考進士沒那麼簡單，也許你考到八十歲都考不中。清朝時山東就有個叫王服經的進士，考中那年已經八十四歲。清朝江蘇還有個名叫王岩的讀書人，八十六歲通過會試，還沒來得及參加殿試就去世了。這兩位讀書人，真正做到了「活到老考到老」。

64 古人有身分證嗎

身分證是今天國人證明自己身分的重要文件，外出辦事時必須攜帶，否則寸步難行。那古人如何證明自己的身分呢？古代也有身分證嗎？

古人的確是有「身分證」的，但一般不是每個人都有。在古代，政府官員在執行任務時需要證明自己的身分，所以，古代有「身分證」的大部分都是官員，這種身分證屬於職業身分證明。全民持有身分證的制度，似乎只在戰國時的秦國出現過，其創立者是商鞅。

戰國末期，秦孝公任用商鞅在秦國推行變法。為了有效控制民眾，商鞅發明了一種「照身帖」。據說這種照身帖由一塊光滑打磨的竹板製成，上面刻有持有人的頭像及籍貫資料。秦國人必須有照身帖，如若沒有便會被認定是黑戶或者外籍非法逗留人士。商鞅還規定：民眾出行或者投宿旅店時必須攜帶照身帖，否則關口不可放行，旅店老闆亦不得留宿，違者嚴懲。照身帖可視為中國最早的身分證。

商鞅發明了身分證，最後卻因自己的發明「作繭自縛」。商鞅因變法得罪了很多人，在其後臺支持者秦孝公死後，那些憎恨商鞅的人要反擊報復，商鞅隨即果斷跑路。然而，因為照身帖的問題，商鞅最終跑路失敗。明人余邵魚的《周朝祕史》對這段故事有詳細記載：

鞅走至函關，天色將昏，扮為商旅投宿，店主求照身之帖驗之。鞅曰：「吾無照身帖。」店主曰：「吾邦商君之法，不許收留無帖之徒，如有受者，與無帖之人同斬，決不敢留！」

商鞅之後的歷代王朝，只有政府官員在執行任務時需要證明自己的身分，「身分證」就僅局限官員階層使用了，畢竟他們才是有身分的人。

隋唐時期，官員的身分證是「魚符」。魚符的製作材料根據官位品級高低而不同，其中親王及三品以上官員的魚符材質為金，三品以下五品以上為銀，六品及以下則為銅。魚符上刻有官員的姓名、任職部門和官位品級。官員在執行公務或出入皇宮時須出示魚符，類似於今天的工作證或通行證。魚符分左右兩半，左符放在皇宮內廷，右符由持有人隨身攜帶，這樣可以驗證魚符的真偽。魚符的使用方法類似於先秦時就已有之的虎符，但二者的作用還是有區別的：虎符是用來調兵的證明，相當於今天的調令；而魚符是官員人人持有，屬於個人的職業身分證明。

今天，如果誰家找了一個有錢有勢的女婿，我們常說這家人釣到了「金龜婿」。「金龜婿」這一說法，就是源於唐朝的魚符制度。武則天之前，唐朝的魚符是鯉魚形的。武則天稱帝後，怕人們看到鯉魚會睹物思人想起「李氏」江山，因為「鯉」和「李」同音，遂將魚符改成了龜形。龜在古代星宿崇拜中代表玄武，和武則天的「武」諧音。這樣，三品以上官員的魚符就變成了「龜符」，於是就有了「金龜婿」的說法。

唐代還將魚符制度推廣到了海外，當時番國使者也都會領到唐朝政府發放的符。這種符以雌雄來分，雄符留在唐朝政府，雌符（有十二塊之多）交給番國來使帶回去。該國再有來使，則以雌雄符相合來證明其真實身分。

到了宋代，魚符制度漸漸被廢除，官員的身分證變成了腰牌。明朝的腰牌也叫「牙牌」。牙牌的材質不再局限於金屬，還有用象牙、獸骨、木材等材料製作的。明朝的官方牙牌分五種，分別標記為勳、親、文、武、樂。

▲ 遼代契丹文魚符（遼寧博物館收藏）

《明史》記載：「牙牌之號五，以察朝參：公、侯、伯曰『勳』，駙馬都尉曰『親』，文官曰『文』，武官曰『武』，教坊司曰『樂』。」明朝時，不僅官員持有牙牌，大戶人家的家眷僕從也攜帶腰牌以表明身分。清朝的腰牌不僅要有姓名、工作、官位等基本資訊，還要寫上持有人的面部特徵以防止別人冒用，已經有點類似於現在的身分證了。

古代還有一些特殊的身分證，用於特殊職業或臨時事務時使用，比如和尚的戒牒或度牒，用以證明其和尚身分，方便化齋和從事宗教事務。古代的娼妓也有身分證，以證明自己的正規娼妓身分，方便業務開展。前幾年，重慶發現了一枚疑似清代娼妓腰牌的東西，引起了不小的爭議。古代商人行商或舉人趕考使用的「路引」等物，屬於一種臨時事務身分證，具有很強的時效性，它更像中國計劃經濟時代的介紹信之物。

▲ 錦衣衛指揮使腰牌（首都博物館收藏）

中國近代意義上的身分證制度，誕生

於民國時期的寧夏。第二次國共內戰時期，寧夏省主席馬鴻逵大肆搜捕鎮壓共產黨人，並對所轄人口進行登記甄別。一九三六年的某一天，馬鴻逵無意中看到了《史記》裡的〈商君列傳〉，眼睛頓時亮了。受到商鞅照身帖的啟發，馬鴻逵在寧夏開始推行身分證制度。當時的身分證叫做「居民證」，由白布製成，長七公分，寬三公分，上面寫著持有人的姓名、年齡、籍貫、職業，以及身高、面貌、手紋箕斗形狀等個人特徵，以這種居民證來甄別「良民」身分。馬鴻逵的發明，也算是「以史為鑒」了。

65 古代的社會福利機構

社會福利機構主要是對孤兒、孤寡老人等弱勢群體提供救助服務的機構。社會福利機構的建立和普及，體現的是人性的關愛和社會的文明進步。儘管中國的社會福利機構是從近代西方傳入的，然而在古代，中國的社會福利事業一直走在世界前列。

古代的社會福利事務最初多由民間承擔，比如漢代以來形成的世家大族、宗族組織以及宗教團體等。這些團體會救助身邊的弱勢群體。佛教傳入中國後，寺廟也能承擔一些社會救助職能，《西遊記》裡的唐僧就是一個由寺廟養大的孤兒。

到了宋朝，經濟繁榮，社會發展，迎來了中國古代文明的巔峰時代，以至於有學者將宋朝視為中國近代之開端。宋朝的城市文明已經有了近代的模樣，完整的社會福利體系就是重要證明。可以說，宋代的社會福利體系在古代社會是空前絕後的。在宋代的諸多社會福利機構中，代表性的機構有施藥局、安濟坊、居養院、漏澤園等。

與今天以賺錢為根本目的的醫院不同，宋朝的施藥局為窮苦民眾提供醫療服務，不以盈利為目的，看病時只收本錢，對於特別貧困的窮人還免費發放藥物。

安濟坊和居養院是宋徽宗時普及完善的社會救助和養老機構。《宋史》記載，宋徽宗曾下詔：「置安濟坊養民之貧病者，仍令諸郡縣並置。」安濟坊主要給患病的窮苦民眾提供醫療服務，類似一個免費醫院。當時規定，凡是有一千戶以上的城鎮都必須設置安濟坊。居養院，主要是針對孤寡老人、窮人、孤兒的居養機構。其中，針對孤寡老人的居養院後來叫做安老坊、安懷坊等，名稱不同，性質一樣，類似今天的官辦免費養老院。在宋朝，凡是六十歲以上的孤寡老人，都有權利進入居養院。居養院中，針對孤兒的部分叫做慈幼局，其性質相當於今天的孤兒院。

通過名字我們很難猜到「漏澤園」這個機構的功能，實際上，它是一個福利性質的殯葬機構。在宋代，凡是無主的屍骨或者因家貧無法安葬的死者，都由政府負責安葬，安葬的墓地被稱為漏澤園。漏澤園的建立，不僅給了貧窮者最後的往生體面，還能有效地改善居住環境和防止疫病流行。

臺灣經濟史家侯家駒將宋代社會福利評價為「由胎養到祭祀」，堪比今天西方福利國家「從搖籃到墳墓」的社會福利體系。在宋代，中國人的生活水準與文明程度遠高於世界其他國家，這也是本書開篇之所以說宋代是最幸福時代的原因。

談及宋代的社會福利，一個有趣的現象是，宋朝的社會福利體系大多是在宋徽宗時期完善的。其中，蔡京所推行的居養院、安濟坊和漏澤園制度「無疑是北宋社會救濟制度發展的高峰，在中國歷史上是空前的，甚至也在元明清三代之上」。這就有點諷刺了，因為宋徽宗時代被很多後人認為是宋朝最腐敗的時期，蔡京也被認為是大奸臣。按很多人的理解來看，這兩位老先生不應該幹這麼多好事啊！這一問題就是歷史學界有名的「蔡京悖論」。明清之際的大學者顧炎武在談及此問題時就說：「漏澤園之設，起於蔡京，不可以其人而廢其法。」

對於這一問題，王老師的看法與顧炎武一致。對待歷史，我們應該秉著實事求是的態度，不應該把人物臉譜化，而是要將歷史人物全面還原——有則有之，無則無之，不能簡單扣帽子了事，更不能為了我們想要得到的價值觀而刻意回避歷史真相或製造歷史假象。宋徽宗和蔡京，可能算不得後世人眼中的「明君賢臣」，但其對古代社會福利事業所作的貢獻並不能因此被否定。

66 古代的孤兒院

上一篇我們講了古代的社會福利機構，這一篇我們將其中很有代表性的孤兒院詳細說一下。

宋代的孤兒院叫做「慈幼局」，慈幼局可以視為世界上最早的官辦孤兒院。慈幼局的出現，與中國自古就有的一個陋習有關，這個陋習就是溺嬰。

溺嬰之風在中國由來已久，指的是孩子出生後大人不想養，就放在水裡溺亡。古代的溺嬰行為多是針對女嬰，早在先秦時期就已有之。《韓非子》中就有「產男則相賀，產女則殺之」的記載。宋代的溺嬰行為也很常見，蘇軾的《東坡志林》裡記載「鄂渚間田野小人，例只養二男一女，過此輒殺之，尤諱養女」、「近聞黃州小民貧者生子多不舉，初生便於水盆中浸殺之」。古人溺嬰的原因主要有三點：一是古代避孕措施欠缺，很多計畫外生子不想撫養；二是古代重男輕女觀念根深蒂固，生了女孩也不想養；三是一些窮苦的人家，經濟拮据，生了孩子養不起。針對溺嬰這種非人道行為，政府設立了「慈幼局」，用官方撫養的辦法減少溺嬰行為。

元明兩朝，官方的孤兒收養行為一度中斷，直到明朝末年有所恢復。到了清朝，脫胎於慈幼局的育嬰堂開始普及，我們可以通過清朝育嬰堂的運行方式來窺視一下中國古代的孤兒院。

育嬰堂接收嬰兒時會記錄到達時間，嬰兒的五官四肢狀況，還會詢問嬰兒的撿拾地點和撿拾狀態等相關資料，將這些都記錄在「收嬰冊」上。育嬰堂的嬰兒都是從哪兒來的呢？清朝的城市裡有專門的「收嬰設施」，一般是在城門附近安置一個大木箱，人們見到被遺棄的嬰兒就會將其放入木箱中，看守者會將遺棄在木箱內的棄嬰送至育嬰堂，還能因此得到一些跑腿費。

棄嬰者也可以將嬰兒直接送至育嬰堂。棄嬰都是怕人知道的不齒行為，為了避免棄嬰者身分公開，育嬰堂設有一種保密的「收嬰設施」。在育嬰堂的外牆，會有一處牆體被掏空，牆體上安裝一個大抽屜。棄嬰者在牆外側將抽屜拉開，將嬰兒放入後關上抽屜。這種抽屜在牆的兩側都能拉開，聽見抽屜裡嬰兒的哭聲後，育嬰堂的工作人員就會在牆內側把抽屜拉開，接收棄嬰。民國時期的畫家豐子愷就曾畫過一幅描繪育嬰堂接收棄嬰的畫作，叫《最後的吻》，畫上就有這種特殊的「收嬰設施」。

育嬰堂的開支來自於民間資助和政府撥款，屬於官民合辦的組織。育嬰堂裡的孤兒長大後，育嬰堂還要負責給其安排出路。男孩長大，要為其找到願意收為養子或雇工的家庭，且不准由娼妓家認養，也不准被領養去當奴僕。另外，還不允許育嬰堂向領養者索要錢款。女孩長大，則為其找到願意收為養女或養媳的婆家。小說《紅樓夢》裡的秦可卿就是孤兒出身，是由其養父秦邦業從養生堂抱回的。這裡的養生堂和育嬰堂是一回事，但清朝叫育嬰堂的更多。

人類社會的進步是循序漸進的，古代也不一定都是黑暗與落後。我們今天努力構建的社會福利體系，很多都能在中國古代找到影子或源頭。與漫長的人類歷史相比，我們現代只是短暫的一瞬。從更高的角度看，古代只是我們的上一秒。

後記

什麼是歷史？簡而言之，就是過去的事。過去的事又分為自然萬物之演變和人類社會之發展，即自然之歷史和人類之歷史。然而，國人對歷史的目光所及範圍，大部分是比較狹窄的，更多關注的是人類歷史，而且只是人類歷史中的王朝更替等政治事件。大凡此類，彷彿茶餘飯後隨便聊兩句帝王們的奇聞軼事便是在探尋歷史的奧祕，而這其實是對歷史的狹隘理解。

法國歷史學家布羅代爾在一九五八年提出了著名的「歷史三段論」，他認為歷史應該依據時間分為三類：短時段、中時段、長時段。短時段歷史主要指政治事件，帝王將相之事便屬於此類；中時段歷史則是社會的、經濟的、文化的和人口的歷史；長時段歷史則反映了人們與地理環境的關係，如地理氣候、生態環境的變化。短時段是政治的歷史，只構成了歷史的表面層次，對整個歷史進程只起微小的作用；中時段是社會的歷史，對歷史進程起著直接和重要的作用；長時段是自然的歷史，構成整個歷史發展的基礎。因此，研究歷史不應局限於短時段，而應從中時段和長時段去考察，這樣才能從根本上把握歷史的總體。

長久以來，我們大眾對歷史的關注多集中在歷史的短時段。本書則立足於歷史的中時段，屏棄對帝王將相的關注和對王朝興衰的探尋，將注意力轉移到歷史上芸芸眾生的日常生活。因為帝王將相離我們普通人太過遙遠，王朝興衰也不由普通民眾決定，這些對歷史進程的影響只是表層作用，都不會影響中華文明的屹立。相比之下，普羅大眾的日常生活才能被我們一般民眾真切體會，才是我們之所以為中國人的點點滴滴，才是我們最為重要的文化基因。

我是一名中學歷史老師，二〇〇九年於東北師範大學歷史系畢業，隨後躬身中學的三尺講臺，不覺已十年有餘。從教期間，我發現學生們對古人的日常生活很感興趣，特別是對其中的細節充滿了好奇。二〇一八年，抖音短視頻興起，我註冊了「講歷史的王老師」的帳號，將古人生活細節的小知識整理上傳到抖音，意外獲得了大家的喜愛，僅半個月的時間，粉絲數就漲到一百萬。之後，由於工作較忙，加之本人有較重的拖延症，抖音視頻更新時斷時續，至今大約有一百期，累計播放一億多次。這期間，陸續有幾家出版社找我商談出書事宜。最後，我選擇了讀客文化股份有限公司，一是基於對這家公司以往成績的信任，二是我比較喜歡的歷史通俗作家與前輩「二混子」陳磊先生也是這家公司的簽約作家。這樣，才有了呈現在你面前的這本十餘萬字的小書。

本人才疏學淺，加之社會生活史的資料繁雜，考證不足和謬誤待商榷之處在所難免，在此懇請讀者和歷史愛好者們批評指正。

林語堂先生曾經說過：男人的演講就如同女人的裙子，應該越短越好。這篇後記也應如此。

最後，感謝你的興趣與閱讀！

二〇一九年五月十六日於東北師大附中

古人原來這樣過日子
地表最強的66堂中國歷史穿越課

作　　　者	王磊（講歷史的王老師）
責 任 編 輯	何維民
版　　　權	吳玲緯　楊靜
行　　　銷	闕志勳　吳宇軒　余一霞
業　　　務	李再星　李振東　陳美燕
副 總 編 輯	何維民
編 輯 總 監	劉麗真
事業群總經理	謝至平
發 行 人	何飛鵬

出　　版　麥田出版
115台北市南港區昆陽街16號4樓
電話：02-25000888　傳真：02-25001951

發　　行　英屬蓋曼群島商家庭傳媒股份有限公司城邦分公司
115台北市南港區昆陽街16號8樓
客服專線：02-25007718；02-25007719
24小時傳真服務：02-25001990；02-25001991
服務時間：週一至週五09:30-12:00，13:30-17:00
郵撥帳號：19863813 戶名：書虫股份有限公司
讀者服務信箱E-mail：service@readingclub.com.tw
城邦網址：http://www.cite.com.tw
麥田出版臉書：http://www.facebook.com/RyeField.Cite/

香港發行所　城邦（香港）出版集團有限公司
香港九龍土瓜灣土瓜灣道86號順聯工業大廈6樓A室
電話：852-25086231
傳真：852-25789337

馬新發行所　城邦（馬新）出版集團
41, Jalan Radin Anum, Bandar Baru Seri Petaling,
57000 Kuala Lumpur, Malaysia.
電話：+6(03) 90563833　傳真：+6(03) 90563833　E-mail：service@cite.my

印　　　刷	前進彩藝有限公司
電 腦 排 版	洸譜創意設計股份有限公司
書 封 設 計	巫麗雪
二 版 一 刷	2024年10月
二 版 二 刷	2025年 2月
定　　　價	350元
I S B N	978-626-310-759-5

國家圖書館出版品預行編目資料

古人原來這樣過日子：地表最強的66堂中國歷史穿越課／王磊（講歷史的王老師）著. -- 二版. -- 臺北市：麥田出版：英屬蓋曼群島商家庭傳媒股份有限公司城邦分公司發行, 2024.10
272面；15×21公分
ISBN 978-626-310-759-5（平裝）

1. CST：中國史　2. CST：通俗史話
610.9　　113013796

歷史國學類　好書推薦

回到宋朝 long stay

從食衣住行到文化風俗，
在最幸福的朝代上一堂歷史體驗課

馬驊［著］

- **一本讓你回到中國最富庶的年代、最繁華城市的穿越指南**
- **如果穿越來到宋朝，你應該具備哪些在宋朝生活必備的知識與常識？**
- **最有趣、最輕鬆、最嚴謹的趣味宋史，一覽歷史上最輝煌的宋代文明**

在宋代開封，做京漂的你怎麼辦理居住證？如何買房？京都的時尚達人怎麼穿？宋代的小長假如何度過？在宋朝開店，都辦哪些手續？屌絲怎樣才能逆襲成霸道總裁？夜市都有哪些娛樂活動？宋代名人朋友圈都曬哪些？

宋朝，被有識之士認為是中國歷史上最具幸福感的朝代。假如給您一次穿越的機會，假如您最想穿越到宋朝，那麼來吧，讓我們一起翻開這本書，您將成為這本書的主角，以一個宋朝人的身分原汁原味體驗一回那個時代的衣食住行、婚喪嫁娶、職場奮鬥和文化娛樂等民俗民風、社會生活。帶著這本穿越宋朝的生活指南和必備攻略，開啟一段愉快而又難忘的旅程，做一個最具幸福感的宋朝人吧！

歷史國學類　好書推薦

秦始皇

從戰國到一統天下（暢銷經典版）

王立群［著］

- **「百家講壇」史記新詮第一人王立群教授，重新解讀秦始皇！**
- **他為建立中央集權制度開創了新局面，對中國和世界歷史產生深遠影響**
- **他奠定中國兩千餘年政治制度的基本格局，被譽為「千古一帝」**

秦始皇的確太過驕傲，但是讓帝國一夕之間退出歷史浪潮的，何止一個原因。秦帝國的生命雖然短暫，但秦始皇統一文字、度量衡、修築萬里長城，為歷代中國的文化、經濟發展，帶來許多正面的影響。然而，成就了如此輝煌歷史的秦始皇，是從什麼時候開始，變成史上最有名的暴君？

人們傳說他下令焚書、坑殺天下儒生；孟姜女為了尋找萬杞良而哭倒長城；他不顧民力已疲，執意修建華麗的阿房宮與陵墓，使得民不聊生。這些傳說太過真實，掩蓋了秦始皇其他建設的光芒，帝國的短暫，成為他洗不掉的污點。但是讓帝國一夕之間退出歷史浪潮，何止一個原因，透過王立群教授詳盡地解讀這個龐大帝國的開始與結束，理清這些傳說的真實樣貌，一段最完整的秦國發展史，將浮現在眼前。

蒙曼說唐：唐玄宗

（上下冊不分售，暢銷經典版）

蒙曼 [著]

- **從開元之治到安史之亂，寫盡唐玄宗一生叱吒的功與過**
- **還原楊貴妃萬般榮寵的愛與恨**
- **泱泱大唐的絕代風華磅礡再現**

唐玄宗，是大唐從極盛到衰頹的分水嶺，透過蒙曼教授的詳盡解讀與獨到觀點，揭開唐玄宗的功與過、得與失，寫盡傳唱史冊的一段纏綿長恨歌！

唐玄宗，一位締造大唐盛世的偉大君王，一個演繹愛情神話的傳奇皇帝，一位俊逸多才的梨園鼻祖，天資英武，風流多情。說到他，人們就會想到錦天繡地、盛世華章；說到他的時代，人們就會心馳神往、追慕不已。而這個威名顯赫的偉大帝國，卻在他的統治下遭遇了唐朝歷史上最大的一次劫難——安史之亂。他眼睜睜地看著自己心愛的女人香消玉殞。這個帶領著古代中國衝上歷史顛峰的皇帝，究竟有著怎樣的雄才偉略，他的一生，又為中國歷史書寫著怎樣的傳奇？蒙曼從事業風流、情趣風流、愛情風流三方面闡述了唐玄宗不凡的一生，為讀者開啟大唐盛世的錦繡華章，再現玄宗一生的起伏跌宕，吟唱帝王愛情的蕩氣迴腸。